ADMINISTRAÇÃO DE RECURSOS HUMANOS
GESTÃO HUMANA

CHIAVENATO

SÉRIE RECURSOS HUMANOS

O GEN | Grupo Editorial Nacional – maior plataforma editorial brasileira no segmento científico, técnico e profissional – publica conteúdos nas áreas de ciências sociais aplicadas, exatas, humanas, jurídicas e da saúde, além de prover serviços direcionados à educação continuada e à preparação para concursos.

As editoras que integram o GEN, das mais respeitadas no mercado editorial, construíram catálogos inigualáveis, com obras decisivas para a formação acadêmica e o aperfeiçoamento de várias gerações de profissionais e estudantes, tendo se tornado sinônimo de qualidade e seriedade.

A missão do GEN e dos núcleos de conteúdo que o compõem é prover a melhor informação científica e distribuí-la de maneira flexível e conveniente, a preços justos, gerando benefícios e servindo a autores, docentes, livreiros, funcionários, colaboradores e acionistas.

Nosso comportamento ético incondicional e nossa responsabilidade social e ambiental são reforçados pela natureza educacional de nossa atividade e dão sustentabilidade ao crescimento contínuo e à rentabilidade do grupo.

Idalberto **Chiavenato**

ADMINISTRAÇÃO DE RECURSOS HUMANOS

GESTÃO HUMANA

FUNDAMENTOS BÁSICOS

9ª edição

- O autor deste livro e a editora empenharam seus melhores esforços para assegurar que as informações e os procedimentos apresentados no texto estejam em acordo com os padrões aceitos à época da publicação, *e todos os dados foram atualizados pelo autor até a data de fechamento do livro.* Entretanto, tendo em conta a evolução das ciências, as atualizações legislativas, as mudanças regulamentares governamentais e o constante fluxo de novas informações sobre os temas que constam do livro, recomendamos enfaticamente que os leitores consultem sempre outras fontes fidedignas, de modo a se certificarem de que as informações contidas no texto estão corretas e de que não houve alterações nas recomendações ou na legislação regulamentadora.

- Data do fechamento do livro: 22/09/2021

- O autor e a editora se empenharam para citar adequadamente e dar o devido crédito a todos os detentores de direitos autorais de qualquer material utilizado neste livro, dispondo-se a possíveis acertos posteriores caso, inadvertida e involuntariamente, a identificação de algum deles tenha sido omitida.

- **Atendimento ao cliente: (11) 5080-0751 | faleconosco@grupogen.com.br**

- Direitos exclusivos para a língua portuguesa
  Copyright © 2022 by
  Editora Atlas Ltda.
  Uma editora integrante do GEN | Grupo Editorial Nacional
  Travessa do Ouvidor, 11
  Rio de Janeiro – RJ – 20040-040
  www.grupogen.com.br

- Reservados todos os direitos. É proibida a duplicação ou reprodução deste volume, no todo ou em parte, em quaisquer formas ou por quaisquer meios (eletrônico, mecânico, gravação, fotocópia, distribuição pela Internet ou outros), sem permissão, por escrito, da Editora Atlas Ltda.

- Capa: Bruno Sales

- Editoração eletrônica: LBA Design

- Ficha catalográfica

CIP-BRASIL. CATALOGAÇÃO NA PUBLICAÇÃO
SINDICATO NACIONAL DOS EDITORES DE LIVROS, RJ

C458a
9. ed.

Chiavenato, Idalberto, 1936-

Administração de recursos humanos : gestão humana : fundamentos básicos / Idalberto Chiavenato. – 9. ed. – Barueri [SP] : Atlas, 2022.
(Recursos Humanos)

Inclui bibliografia e índice
ISBN 978-85-97-02455-5

1. Administração de pessoal. 2. Recursos humanos. I. Título. II. Série.

21-72079　　　　　　　　　　　　　　　　　　　　　CDD: 658.3
　　　　　　　　　　　　　　　　　　　　　　　　　　CDU: 005.95/.96

Leandra Felix da Cruz Candido – Bibliotecária – CRB-7/6135

À Rita.

Minha esposa e companheira de todas as horas,
minha musa inspiradora,
meu mundo encantado,
dedico este livro com todo amor.

Parabéns!

Além da edição mais completa e atualizada do livro *Administração de Recursos Humanos – Gestão Humana*, agora você tem acesso à Sala de Aula Virtual do Prof. Idalberto Chiavenato.

Chiavenato Digital é a solução que você precisa para complementar seus estudos.

São diversos objetos educacionais, como vídeos do autor, mapas mentais, estudos de caso e muito mais!

Para acessar, basta seguir o passo a passo descrito na orelha deste livro.

Bons estudos!

Confira o vídeo de apresentação da plataforma pelo autor.

uqr.to/hs6d

Sempre que o ícone 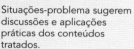 aparece, há um conteúdo disponível na Sala de Aula Virtual.

CHIAVENÁRIO
Glossário interativo com as principais terminologias utilizadas pelo autor.

CASOS PARA DISCUSSÃO
[RECURSO EXCLUSIVO PARA PROFESSORES]
Situações-problema sugerem discussões e aplicações práticas dos conteúdos tratados.

PARA REFLEXÃO
Situações e temas controversos são apresentados para promover a reflexão.

VÍDEOS
Vídeos esclarecedores e complementares aos conteúdos da obra são apresentados pelo autor.

SAIBA MAIS
Conteúdos complementares colaboram para aprofundar o conhecimento.

CASOS DE APOIO
Simulações de situações reais ajudam na aplicação prática dos conceitos.

EXERCÍCIOS
Ferramentas para estimular a aprendizagem.

TENDÊNCIAS EM GH
Atualidades e novos paradigmas da Administração são apresentados.

SOBRE O AUTOR

Idalberto Chiavenato é Doutor e Mestre em Administração pela City University Los Angeles (Califórnia, EUA), especialista em Administração de Empresas pela Escola de Administração de Empresas de São Paulo da Fundação Getulio Vargas (FGV EAESP), graduado em Filosofia e Pedagogia, com especialização em Psicologia Educacional, pela Universidade de São Paulo (USP), e em Direito pela Universidade Presbiteriana Mackenzie.

Professor honorário de várias universidades do exterior e renomado palestrante ao redor do mundo, foi professor da FGV EAESP. Fundador e presidente do Instituto Chiavenato e membro vitalício da Academia Brasileira de Ciências da Administração. Conselheiro e vice-presidente de Assuntos Acadêmicos do Conselho Regional de Administração de São Paulo (CRA-SP). Autor de 48 livros nas áreas de Administração, Recursos Humanos, Estratégia Organizacional e Comportamento Organizacional publicados no Brasil e no exterior. Recebeu três títulos de *Doutor Honoris Causa* por universidades latino-americanas e a Comenda de Recursos Humanos pela ABRH-Nacional.

APRESENTAÇÃO DA SÉRIE

Caro leitor,

Nossa *Série RH* foi dividida em cinco livros, cada um deles focado especificamente em um dos seus temas básicos, idealizando facilitar para o leitor que tenha interesse em apenas determinado assunto dessa área tão importante e relevante do mundo empresarial. Por esse motivo, todos os livros da série, exceto o *Administração de Recursos Humanos – Gestão Humana*, iniciam-se com o mesmo conteúdo em seu primeiro capítulo, que envolve os fundamentos básicos da área. Esse capítulo, nomeado *O Sistema de Gestão Humana*, traz em seu título uma inovação: passamos a utilizar o termo *Gestão Humana* no lugar de *Recursos Humanos*. Não é uma simples mudança de nome e explicaremos o motivo adiante.

A Era Industrial – em suas duas primeiras revoluções – trouxe importantes transformações para a sociedade e, em particular, para as organizações. Apesar das empresas serem constituídas por recursos físicos e por pessoas, o paradigma da produção em alta escala, protagonizada por esse evento, focou em uma gestão eficiente e no constante aumento da produtividade.

Essa visão, presente desde os tempos do taylorismo e do fordismo, foi bem caracterizada no filme *Tempos Modernos* (1936), do gênio Charles Chaplin (1889-1977), ao retratar, por meio de seu personagem *The Little Tramp* (O Vagabundo), as altas robotização e especialização do ser humano, considerado na época como um apêndice da máquina. O trabalhador, portanto, era visto como mais um recurso na pirâmide hierárquica, ou seja, mais um ativo para auxiliar a empresa a resolver alguns problemas que a máquina por si só não podia fazer. Todavia, o que é um "ativo", no conceito econômico utilizado pelas empresas, senão um conjunto de bens e de posses, passível de se transformar em dinheiro?

Apesar de a sociedade já ter vivido três Revoluções Industriais (a segunda marcada pelo desenvolvimento da indústria química; a terceira, pela substituição da mecânica analógica pela digital e pelo uso da internet) e, a partir de 2011, estar vivendo a quarta, que utiliza os recursos tecnológicos disponíveis para geração de conhecimento e produtividade, muitas organizações, em plena Era Digital, ainda se apropriam do termo Recursos Humanos quando se referem ao bem mais valioso que possuem: *suas pessoas*.

Pessoas não são recursos, assim como não são ativos. A organização não tem a posse ou a propriedade sobre seus colaboradores. Ela deve, contudo, adquirir seu compromisso, sua confiança e seu engajamento caso queira fazer a diferença em um mercado altamente competitivo e volátil.

Diferentemente da Era Industrial, em que os trabalhadores eram selecionados, muitas vezes, por sua capacidade física, atualmente as pessoas que colaboram para o sucesso da organização são valorizadas por suas competências, pelo seu conhecimento, compromisso e compartilhamento com os valores organizacionais.

Considerando, portanto, que a palavra "recurso" remete a um período industrial temporalmente distante em que o ser humano era considerado somente mais um ativo utilizado para rodar a engrenagem organizacional, as obras desta série passaram a utilizar o conceito de *Gestão Humana* no lugar de *Recursos Humanos*. Esta será a última edição com esses termos antigos nos títulos dos livros da série, uma vez que a intenção é mudar a forma como esses termos são tratados. Dessa forma, iniciamos uma mudança gradual, com atualizações nos subtítulos:

Edição anterior	Edição atual
Administração de Recursos Humanos: fundamentos básicos	Administração de Recursos Humanos – Gestão Humana: fundamentos básicos
Planejamento, Recrutamento e Seleção de Pessoas: como agregar talentos à empresa	Planejamento, Recrutamento e Seleção de Pessoal: como agregar talentos à empresa
Desempenho Humano nas Empresas: como desenhar cargos e avaliar o desempenho para alcançar resultados	Desempenho Humano nas Empresas: como desenhar o trabalho e conduzir o desempenho
Treinamento e Desenvolvimento de Recursos Humanos: como incrementar talentos na empresa	Treinamento e Desenvolvimento de Recursos Humanos: como incrementar talentos na empresa (título não sofreu alteração)
Remuneração, Benefícios e Relação de Trabalho: como reter talentos na organização	Remuneração, Benefícios e Relações de Trabalho: como reter talentos na organização

Mas o que seria a Gestão Humana? Em vez de utilizar somente a técnica, como sugere o termo *recursos*, a Gestão Humana vai além: ela busca a valorização das pessoas, seu desenvolvimento e suas competências nas organizações em que atuam. Recursos são administrados pois são inertes, estáticos, padronizados e sem vida própria. Pessoas, não. Elas devem ser engajadas, empoderadas, impulsionadas e lideradas, pois são inteligentes, competentes, ativas e proativas. Assim, as organizações que investem no seu Capital Humano, dando-lhes oportunidades de progresso e avanço intelectual, obterão o melhor de sua gente e, portanto, melhores retornos. Em plena Era Digital, em um mundo altamente flexível, instável e competitivo, as pessoas são para as organizações o principal diferencial para que elas alcancem competitividade, crescimento e sustentabilidade.

Desejamos, portanto, que as obras desta série sirvam de ponto de partida para o desenvolvimento de uma Gestão mais Humana, colaborativa, inclusiva e sustentável.

Idalberto Chiavenato

TÍTULOS DA SÉRIE

A série oferece a literatura fundamental e intensamente atualizada para os especialistas que lidam com a área de RH, para os que lidam com equipes de pessoas em qualquer nível da empresa e para todos que pretendem dedicar-se a essa área fundamental, com o objetivo de alcançar o sucesso organizacional no dinâmico e competitivo mundo atual.

A série é composta pelos seguintes livros:

Administração de Recursos Humanos – Gestão Humana: fundamentos básicos – 9ª edição
Saber lidar com pessoas tornou-se uma responsabilidade pessoal, indelegável e crucial de todos aqueles que ocupam posições executivas ou de liderança.
O livro fornece uma visão abrangente da interação entre pessoas e organizações, a compreensão da dinâmica das organizações, da sua missão e visão de futuro, seu relacionamento com o ambiente externo e a necessidade de competências essenciais para o seu sucesso. Permite a compreensão das pessoas e da variabilidade humana, a necessidade de comunicação e motivação para dinamizar o comportamento humano e novos conceitos sobre o capital humano. Proporciona, ainda, uma visão abrangente da administração de RH como responsabilidade de linha e função de *staff*, suas políticas e objetivos e a íntima conexão entre capital humano e capital intelectual.

Planejamento, Recrutamento e Seleção de Pessoal: como agregar TALENTOS à empresa – 9ª edição
Atrair e agregar talentos significa pensar não somente nas atividades presentes e nas operações cotidianas da empresa, mas principalmente em seus futuro e destino. A obra mostra como funciona o sistema de provisão de recursos humanos em toda a sua extensão e as melhores práticas de planejamento da Gestão Humana (GH) e de recrutamento e seleção de pessoas para atrair talentos e aumentar o capital humano: o patrimônio mais importante de uma empresa moderna.

Desempenho Humano nas Empresas: como desenhar o trabalho e conduzir o desempenho – 8ª edição
Não basta ter pessoas na organização, pois isso não significa necessariamente ter talentos. E também não basta ter talentos: é preciso saber utilizá-los, rumo aos objetivos

pretendidos. Assim, torna-se necessária uma plataforma para esse propósito. Descrever e analisar cargos não é suficiente. Chame de cargos, posições, atividades – ou o nome que queira –, é fundamental saber modelar o trabalho das pessoas (seja individual, seja em equipe) e avaliar o desempenho delas, sem esquecer-se de que desempenho é um meio para alcançar metas e objetivos. Com isso, resultados são alcançados e é agregado valor ao negócio, ao cliente e, sobretudo, ao colaborador.

Desse modo, o livro mostra como funciona o sistema de aplicação de recursos humanos em toda a sua extensão, bem como as melhores práticas de modelagem do trabalho e de avaliação do desempenho humano.

Treinamento e Desenvolvimento de Recursos Humanos: como incrementar TALENTOS na empresa – 9ª edição

Não é suficiente atrair e reter talentos. O conhecimento constitui a moeda mais valiosa no mundo dos negócios, e é preciso que as pessoas aprendam a se atualizar continuamente para darem conta do *gap* de conhecimento que impera nas organizações. A obra mostra como funciona o sistema de desenvolvimento da Gestão Humana (GH) em toda a sua extensão, bem como as melhores práticas para treinar e desenvolver pessoas e organizações. Apresenta também as práticas de educação corporativa, de gestão do conhecimento e das competências para incrementar o capital intelectual da empresa.

Remuneração, Benefícios e Relações de Trabalho: como reter TALENTOS na organização – 8ª edição

Não basta conquistar talentos para a empresa: é preciso saber mantê-los estimulados e ativos. Para isso, a empresa deve se tornar o melhor lugar para se trabalhar. O livro mostra como funciona o sistema de manutenção de recursos humanos em toda a sua extensão, além das melhores práticas de remuneração, de oferta de benefícios e de serviços sociais, e aspectos do ambiente de trabalho e das relações trabalhistas. Trata, ainda, da remuneração variável (baseada em habilidades e competências) e da flexibilização dos benefícios e da previdência privada. Como apoio, aborda as modernas relações trabalhistas atuais.

PREFÁCIO

As organizações não funcionam sem pessoas, e as pessoas não vivem sem as organizações. Afinal, estamos vivendo em uma sociedade de organizações. Organizações e pessoas convivem em um contexto que é, a cada dia, dinâmico, diferente, incrivelmente mutável e exponencial. Existem organizações e organizações, assim como existem pessoas e pessoas. Cada organização tem suas características próprias, enquanto a variabilidade humana é infinita e prodigiosa. Por todas essas razões, a área de Recursos Humanos (RH), ou, como vamos denominar ao longo de toda a série, Gestão Humana (GH), é extremamente contingencial e situacional. Ela é muito sensível aos diferentes fatores que envolvem organizações e pessoas. Ela depende da mentalidade que predomina nas organizações. Depende da cultura que existe em cada organização. Também da arquitetura organizacional adotada e do estilo de gestão que os executivos adotam para lidarem com seus talentos. E depende igualmente das características do contexto ambiental, do negócio da organização, das características internas, das suas competências, funções e processos e de um sem-número de outras variáveis importantes. Tudo isso deve ser levado em conta quando se trata de Gestão Humana. Focar um ou outro aspecto isoladamente não conduz a nada. O importante é ter uma visão abrangente e sistêmica de todas essas variáveis que se inter-relacionam de maneira coesa, contínua e insistentemente. A visão do conjunto e da totalidade são indispensáveis no estudo e na apreciação de Gestão Humana.

Para alcançar seus objetivos da maneira mais eficiente e eficaz, cada organização se concentra com maior ênfase naquelas competências e recursos que lhe são mais críticos, difíceis e escassos, em detrimento da preocupação e atenção dada aos recursos mais fáceis e abundantes. Talentos humanos são fundamentais para o sucesso organizacional. A competitividade e o sucesso da empresa dependem basicamente deles. Há uma verdadeira guerra para conquistar e reter talentos, como nunca houve antes.

Há algum tempo, os talentos constituíam o exemplo típico de recursos fáceis e abundantes. Era muito comum encontrar nas portarias das fábricas e construções um contingente enorme de assíduos candidatos que aguardavam penosa e longamente a sua vez de alcançar uma oportunidade. Até aquela época, os recursos humanos disponíveis eram mais do que suficientes para as necessidades básicas das organizações. Em uma situação de oferta abundante de candidatos, as organizações podiam despreocupar-se tranquilamente em fazer investimentos na área. Os executivos da área de GH – os tradicionais chefes de pessoal – eram solicitados apenas para cuidar de problemas de curta perspectiva temporal e de complexidade elementar relacionados com a simples manutenção vegetativa e com o controle austero e rígido dos recursos disponíveis. O horizonte da área era limitado a decisões de mera rotina ou a prescrições de ordem legal e trabalhista. Num país egresso de uma economia francamente agrícola, baseada na monocultura, o baixo nível tecnológico das poucas e incipientes indústrias existentes solicitava apenas o emprego de uma mão de obra braçal e pouco qualificada.

Com o rápido surto de industrialização do nosso país, ao lado de um enorme esforço de obtenção de capital e tecnologia e de um programa intenso de erradicação do analfabetismo, a situação sofreu formidável reviravolta. Subitamente, o mercado de trabalho foi tornando-se sofisticado, ao mesmo tempo em que se colocou em situação de oferta. O profissional de GH, pouco habituado a esta nova conjuntura e despreparado para enfrentar a situação, teve desesperadamente de improvisar meios de suprir sua organização dos insumos humanos necessários às suas operações. Quase ao mesmo tempo, teve de encontrar soluções para desenvolver os recursos humanos disponíveis para adequá-los à tecnologia em desenvolvimento e encontrar condições para retê-los em sua organização. E, mais adiante, teve de criar e estimular mudanças na organização para adequá-la à nova consciência, adquirida mediante a formação e o desenvolvimento das pessoas. E uma coisa realimentava a outra: à medida que faziam investimentos em formação e desenvolvimento, os recursos humanos adquiriam novas expectativas que exigiam melhores condições gerais de trabalho e de aplicação de suas novas habilidades adquiridas. Hoje, o panorama de desafios que a área de RH, ou, como preferimos, Gestão Humana (GH) oferece é algo de esplêndido e maravilhoso. O profissional de RH passou a ser solicitado a atuar em termos organizacionais e não simplesmente dentro de uma visão microscópica e departamental. Suas estratégias de ação tendem a situar-se em nível molar, global, organizacional, holístico, sistêmico e não simplesmente em detalhes moleculares ou em planos isolados, circunstanciais, independentes e efêmeros. Hoje, é preciso ser estratégico e não simplesmente operacional.

O RH está passando por grandes mudanças e inovações (inclusive em sua nomenclatura). Sobretudo agora com a crescente globalização dos negócios, a gradativa exposição à forte concorrência mundial, mudanças culturais e demográficas e as tecnologias emergentes, quando as palavras de ordem passaram a ser produtividade, qualidade, competitividade e sustentabilidade. Nesse novo contexto, as pessoas deixam de ser o problema das organizações para serem a solução de seus problemas. As pessoas deixam de ser um desafio, para se tornarem uma vantagem competitiva daquelas organizações que sabem como lidar com gente. Mais ainda: as pessoas deixam de ser o recurso organizacional mais importante, para se tornarem o parceiro principal do negócio e que lhe dá dinamismo, ação, vigor e inteligência.

Este livro – que faz parte integrante da Série Recursos Humanos – constitui uma modesta contribuição para que os estudantes de administração em geral e os estudiosos de RH em particular – seja em psicologia, sociologia, serviço social, consultoria organizacional – tenham uma visão mais humana e estratégica da área de GH em nossas organizações.

Idalberto Chiavenato

SUMÁRIO

Capítulo 1
AS ORGANIZAÇÕES, 1

INTRODUÇÃO, 2
1.1 CONCEITO DE ORGANIZAÇÃO, 2
1.2 COMPLEXIDADE DAS ORGANIZAÇÕES, 3
1.3 DIFERENTES ERAS DA ORGANIZAÇÃO, 4
    1.3.1 Era da Industrialização Clássica, 4
    1.3.2 Era da Industrialização Neoclássica, 4
    1.3.3 Era da Informação, 5
    1.3.4 Era Digital, 6
1.4 ORGANIZAÇÕES COMO SISTEMAS SOCIAIS, 7
1.5 ORGANIZAÇÕES COMO SISTEMAS ABERTOS, 7
    1.5.1 Abordagem de Katz e Kahn, 11
    1.5.2 Abordagem de Tavistock: o sistema sociotécnico, 13
    1.5.3 Organizações de hoje, 15
    1.5.4 Mudanças na arquitetura, 15
    1.5.5 Mudanças na cultura corporativa, 16
1.6 EXPECTATIVAS SOBRE AS ORGANIZAÇÕES, 16
    1.6.1 *Stakeholders*, 16
1.7 MISSÃO ORGANIZACIONAL, 19
    1.7.1 Visão organizacional, 20
    1.7.2 Objetivos organizacionais, 20
    1.7.3 Racionalidade das organizações, 21
    1.7.4 Eficiência e eficácia, 22
1.8 NÍVEIS ORGANIZACIONAIS, 24
    1.8.1 Nível institucional ou estratégico, 24
    1.8.2 Nível intermediário ou tático, 24
    1.8.3 Nível operacional, 25

1.9 ORGANIZAÇÕES E O AMBIENTE, 26
    1.9.1 Ambiente geral ou macroambiente, 26
    1.9.2 Ambiente de tarefa ou microambiente, 27
    1.9.3 Dinâmica ambiental, 29
    1.9.4 Complexidade ambiental, 29
    1.9.5 Medidas de eficácia organizacional, 35
1.10 CAPITAL HUMANO E CAPITAL INTELECTUAL, 36
RESUMO, 39
QUESTÕES PARA DISCUSSÃO, 40
REFERÊNCIAS, 40

Capítulo 2
AS PESSOAS, 45
INTRODUÇÃO, 46
2.1 VARIABILIDADE HUMANA, 47
2.2 COGNIÇÃO HUMANA, 49
    2.2.1 Teoria de campo de Lewin, 49
    2.2.2 Teoria da Dissonância Cognitiva, 50
2.3 A COMPLEXA NATUREZA DO SER HUMANO, 51
2.4 MOTIVAÇÃO HUMANA, 52
    2.4.1 Ciclo motivacional, 53
    2.4.2 Hierarquia das necessidades segundo Maslow, 55
    2.4.3 Teoria dos dois fatores de Herzberg, 57
    2.4.4 O modelo contingencial de motivação de Vroom, 60
    2.4.5 Teoria da expectação, 62
    2.4.6 Clima organizacional, 64
2.5 COMUNICAÇÃO, 65
    2.5.1 Percepção, 68
    2.5.2 Barreiras à comunicação, 70
2.6 COMPORTAMENTO HUMANO NAS ORGANIZAÇÕES, 72
2.7 CONCEITO DE HOMEM COMPLEXO, 73
2.8 CAPITAL HUMANO, 77
RESUMO, 79
QUESTÕES PARA DISCUSSÃO, 80
REFERÊNCIAS, 80

Capítulo 3
AS PESSOAS E AS ORGANIZAÇÕES, 83
INTRODUÇÃO, 84
3.1 RECIPROCIDADE ENTRE INDIVÍDUO E ORGANIZAÇÃO, 86

3.2 RELAÇÕES DE INTERCÂMBIO, 87

3.2.1 Conceito de incentivos e contribuições, 89

3.3 CULTURA ORGANIZACIONAL, 90

3.3.1 Clima organizacional, 92

RESUMO, 94

QUESTÕES PARA DISCUSSÃO, 95

REFERÊNCIAS, 95

Capítulo 4
A GESTÃO HUMANA, 97

INTRODUÇÃO, 98

4.1 CARÁTER MULTIVARIADO DA GH, 98

4.2 CARÁTER CONTINGENCIAL DA GH, 101

4.3 GH COMO RESPONSABILIDADE DE LINHA E FUNÇÃO DE *STAFF*, 104

4.4 GH COMO UM PROCESSO, 106

4.5 POLÍTICAS DA GESTÃO HUMANA, 109

4.6 OBJETIVOS DA GH, 112

4.7 DIFICULDADES BÁSICAS DA GH, 113

4.8 PAPEL DA GH, 114

4.8.1 Análises avançadas em GH, 116

4.8.2 Proposta de valor da GH, 116

RESUMO, 117

QUESTÕES PARA DISCUSSÃO, 118

REFERÊNCIAS, 118

ÍNDICE ALFABÉTICO, 119

1 AS ORGANIZAÇÕES

OBJETIVOS DE APRENDIZAGEM

- Discutir o conceito de organização e sua complexidade.
- Aprender a situar as organizações em suas diferentes eras.
- Caracterizar as organizações como sistemas sociais e abertos.
- Descrever os níveis organizacionais e a influência ambiental.
- Mostrar os indicadores de eficácia organizacional.

O QUE VEREMOS ADIANTE

- Conceito de organização.
- Diferentes eras das organizações.
- Organizações como sistemas sociais.
- Organizações como sistemas abertos.
- Missão organizacional.
- Níveis organizacionais.
- Organizações e o ambiente.
- Conceito de eficácia organizacional.
- Competências organizacionais.

CASO INTRODUTÓRIO
A Nova Organização da Masterpiece

Roberto Perez é o presidente da Masterpiece, empresa de produção e comercialização de autopeças. Perez sabe que outras empresas concorrentes produzem produtos como os seus e que precisa estar à frente deles em termos de qualidade, produtividade e preço.

> Para competir, não bastam máquinas e equipamentos, instalações e tecnologia. Todos os concorrentes os possuem, já que podem ser comprados ou alugados no mercado. É preciso contar com talento humano para fazer cada vez mais barato, melhor e mais rápido. Afinal, uma empresa viva é mais do que simplesmente um conjunto de prédios, máquinas e instalações; ela é feita de gente. Como avaliar sua empresa do ponto de vista humano?

INTRODUÇÃO

Sem dúvida alguma, as organizações constituem a mais maravilhosa invenção humana de todos os tempos. Aquela capaz de produzir efeitos incríveis e duradouros nas pessoas, além de oferecer-lhes um múltiplo e complexo cenário de realização pessoal, entretenimento, diversão e alegria. E uma apoteose de oportunidades de trabalho, de comunicar-se, alimentar-se, educar-se, passear, comprar, cuidar da saúde e uma infinidade de outros propósitos cotidianos. Afinal, vivemos em organizações.

A área de Recursos Humanos (RH), ou, como vamos tratar em todos os livros desta série, a área de Gestão Humana (GH), funciona em um contexto que envolve organizações e pessoas. Gerir pessoas significa lidar com pessoas que participam de organizações. Mais do que isso, significa gerir os demais recursos organizacionais com a ajuda das pessoas. Assim, organizações e pessoas constituem a base fundamental de mutualidade em que funciona a área de Gestão Humana.

1.1 CONCEITO DE ORGANIZAÇÃO

A vida das pessoas constitui uma infinidade de interações com outras pessoas, com equipes e com organizações. O ser humano é eminentemente social e interativo. Não vive isoladamente, mas em constante convívio e relacionamento com seus semelhantes. Devido às suas limitações individuais, os seres humanos são obrigados a cooperarem uns com os outros, formando organizações para alcançar certos objetivos que a ação individual isolada não conseguiria alcançar. A organização é um sistema de atividades conscientemente coordenadas de duas ou mais pessoas.[1] A cooperação entre elas é essencial para a existência da organização. Uma organização somente existe quando:

1. Há pessoas capazes de se comunicarem entre si e que
2. Estão dispostas a participar e a contribuir com ação conjunta,
3. A fim de alcançarem um objetivo comum.

A disposição de contribuir com ação significa a intenção ou tendência para sacrificar o controle da própria conduta em benefício da coordenação. Essa disposição de participar e de contribuir para a organização varia e flutua de indivíduo para indivíduo e mesmo no próprio indivíduo com o passar do tempo. Assim, o sistema total de contribuições é instável, pois as contribuições de cada participante na organização variam enormemente em função, não somente das diferenças individuais existentes entre os participantes, mas também do sistema de recompensas aplicado pela organização para incrementar as contribuições.

PARA REFLEXÃO

A força das organizações

As organizações permitem satisfazer diferentes tipos de necessidade das pessoas: emocionais, espirituais, intelectuais, culturais, econômicas etc. No fundo, as organizações existem para cumprir objetivos que as pessoas isoladamente não podem alcançar em face das suas limitações individuais. Assim, as organizações são formadas por pessoas, com pessoas e para pessoas a fim de sobreporem suas limitações individuais. Com as organizações, a limitação final para alcançar muitos objetivos humanos não é mais a capacidade intelectual ou a força física, mas a habilidade e competências de trabalhar eficazmente em conjunto. O que você acha disso?

1.2 COMPLEXIDADE DAS ORGANIZAÇÕES

Há uma enorme variedade de organizações: empresas industriais, empresas comerciais (lojas, *shopping centers*, supermercados), organizações de serviços (bancos, hospitais, universidades, trânsito etc.), organizações militares, públicas (ministérios, secretarias, repartições) etc. Podem estar voltadas tanto para a produção de bens ou produtos (artigos de consumo, máquinas e equipamentos etc.) como para a produção ou prestação de serviços (atividades especializadas, como bancos, financeiras, hospitais, universidades e escolas, rádio e TV, editoras e jornais, tráfego, segurança, agrobusiness, energia, mineração etc.). Assim, existem organizações industriais, econômicas, comerciais, religiosas, militares, educacionais, sociais, políticas etc. A influência das organizações sobre a vida das pessoas é fundamental: a maneira como as pessoas vivem, compram, trabalham, se alimentam, se vestem, seus sistemas de valores, expectativas e convicções são profundamente influenciados pelas organizações. E vice-versa: também as organizações são influenciadas pelos modos de pensar, sentir e agir das pessoas.

A sociedade moderna é uma sociedade de organizações.[2] As organizações são sistemas extremamente complexos. Elas se revelam compostas de atividades humanas em diversos níveis de análise. Personalidades, equipes, pequenos grupos, intergrupos, normas, valores, atitudes, tudo isso existe sob um padrão complexo e multidimensional. Contudo, essa complexidade constitui a base de compreensão dos fenômenos organizacionais, mas, por outro lado, torna difícil a vida do gestor.[3] O desafio está em compreender toda essa trama de influências.

Uma vez que as organizações são bem-sucedidas, elas tendem a crescer. Seu crescimento se faz pelo aumento do número de pessoas e de recursos. Para que esse volume de pessoas possa ser gerido, há um acréscimo do número de níveis hierárquicos. À medida que o número de níveis hierárquicos aumenta, ocorre um gradativo distanciamento entre as pessoas – e seus objetivos pessoais – e a cúpula da organização – e seus objetivos organizacionais. Quase sempre, esse distanciamento conduz a um conflito potencial entre os objetivos individuais dos participantes e os objetivos organizacionais da cúpula.

Aumente seus conhecimentos sobre **Características das organizações complexas** na seção *Saiba mais* ARH 1.1

As organizações constituem uma das mais admiráveis instituições sociais que a criatividade e a engenhosidade humana já construíram. As organizações de hoje são diferentes das de ontem e, provavelmente, amanhã e no futuro distante apresentarão diferenças ainda maiores. Não existem duas organizações semelhantes: as organizações podem assumir diferentes tamanhos e estruturas organizacionais. Existem organizações dos mais diversos ramos de atividade e utilizando diferentes tecnologias para produzir bens ou serviços dos mais variados tipos e que são vendidos e distribuídos de maneiras diferentes para os mais diversos tipos de mercados, a fim de serem utilizados pelos mais diversos clientes. Ademais, as organizações operam em diferentes ambientes, sofrendo as mais variadas coações e contingências, que se modificam no tempo e no espaço, e reagem a elas por meio de estratégias para alcançar resultados diferentes. Tudo isso faz com que as organizações – além da sua enorme diversidade – apresentem uma incrível complexidade.

Quadro 1.1 Alguns exemplos de organizações

■ Empresas industriais	■ Hospitais e laboratórios	■ Cinema e teatro
■ Bancos e financeiras	■ Rádio e televisão	■ Empresas de propaganda
■ Escolas e universidades	■ Empresas jornalísticas	■ Clínicas médicas
■ Lojas e comércio	■ Empresas de consultoria	■ Restaurantes
■ Igreja	■ Empresas de auditoria	■ Shopping centers

1.3 DIFERENTES ERAS DA ORGANIZAÇÃO

As organizações estão passando por mudanças e transformações a cada dia. Seja introduzindo novas e diferentes tecnologias, seja modificando seus produtos ou serviços, seja alterando o comportamento das pessoas, seja mudando seus processos internos, as organizações estão sempre apresentando diferentes características em sua estrutura e em seus processos. Essas alterações provocam constantes impactos na sociedade e na vida das pessoas, acelerando cada vez mais as mudanças ambientais que veremos a seguir.

No decorrer do século 20, as organizações passaram por três fases distintas: Era da Industrialização Clássica, Industrialização Neoclássica e Era da Informação.

1.3.1 Era da Industrialização Clássica

Cobriu o período entre 1900 e 1950 aproximadamente. Representa um período de meio século de intensificação do fenômeno da industrialização, que se iniciou com a Revolução Industrial.

Aumente seus conhecimentos sobre **As diferentes eras da organização** na seção *Saiba mais* ARH 1.2

1.3.2 Era da Industrialização Neoclássica

Durou de 1950 a 1990 aproximadamente. Teve seu início com o final da Segunda Guerra Mundial. Foi quando o mundo começou a mudar mais intensamente.

1.3.3 Era da Informação

Teve seu início ao redor de 1990. É a época que estamos vivendo atualmente. Sua característica principal são as mudanças, que se tornaram rápidas, imprevistas, inesperadas. Drucker[4] foi o arauto que anteviu essa poderosa transformação mundial que trouxe novas características.

Assim, a área de Gestão Humana representa a maneira como as organizações procuram lidar com as pessoas que trabalham em conjunto em plena Era Digital. Não mais como recursos organizacionais que precisam ser passivamente geridos, mas como seres inteligentes e proativos, capazes de ter responsabilidade e iniciativa e dotados de habilidades e conhecimentos que ajudam a administrar os demais recursos organizacionais inertes e sem vida própria. Não se trata mais de administrar pessoas, mas de administrar com as pessoas. Esse é o novo espírito, a nova concepção. A massa cinzenta humana será a riqueza do amanhã. A moeda do futuro não vai ser financeira, mas o capital intelectual. E estará na cabeça das pessoas, o recurso mais importante da organização. Porém, um capital muito especial que não pode e nem deve ser tratado como mero recurso organizacional.

Quadro 1.2 As três etapas das organizações no decorrer do século 20

Período	Industrialização Clássica – 1900-1950	Industrialização Neoclássica – 1950-1990	Era da Informação – Após 1990
Estrutura organizacional predominante	Funcional, burocrática, piramidal centralizadora, rígida e inflexível. Ênfase nos órgãos e na estrutura	Matricial e mista. Ênfase na departamentalização por produtos/serviços ou unidades estratégicas de negócios	Fluida e flexível, totalmente descentralizada, com ênfase em redes de equipes multifuncionais
Cultura organizacional	Teoria X. Foco no passado, nas tradições. Ênfase na manutenção do *status quo*. Valor à experiência anterior	Transição. Foco no presente e no atual. Ênfase na adaptação ao ambiente	Teoria Y. Foco no futuro e no destino. Ênfase na mudança e na inovação. Valor ao conhecimento e à criatividade
Ambiente organizacional	Estático, previsível e com poucas e gradativas mudanças. Poucos desafios ambientais	Intensificação e aceleração das Mudanças ambientais	Mutável, imprevisível, turbulento, com grandes e intensas mudanças
Modo de lidar com as pessoas	Pessoas como fatores de produção inertes e estáticos, sujeitos a regras e regulamentos rígidos para serem padronizados e controlados	Pessoas como recursos organizacionais que precisam ser administrados	Pessoas como seres humanos proativos, dotados de inteligência e competências e que devem ser motivados e impulsionados
Visão das pessoas	Pessoas como fornecedoras mão de obra braçal	Pessoas como recursos da organização	Pessoas como fornecedoras de conhecimento e competências
Denominação da área	Relações Industriais	Administração de Recursos Humanos	Gestão de Pessoas

VOLTANDO AO CASO INTRODUTÓRIO
A nova organização da Masterpiece

Roberto Perez decidiu convocar a diretoria da Masterpiece para fazer uma avaliação integrada dos pontos fortes e fracos da empresa e compará-la com a concorrência. Queria comparar as vantagens e desvantagens em relação aos concorrentes. Ao colocar na mesa o assunto para discussão e comparação com o mercado, Perez percebeu que a vantagem competitiva de sua empresa deveria estar nas pessoas. Como?

1.3.4 Era Digital

De repente, na virada do século atual, surgiu uma verdadeira explosão e intensa penetração digital na dinâmica das organizações e das pessoas com assistentes computacionais que transformaram a sociedade e até a nossa maneira de viver, trabalhar e comunicar. Tudo começou com a internet como plataforma de comunicação para ampliar-se expandir-se por todos os campos de atividade.

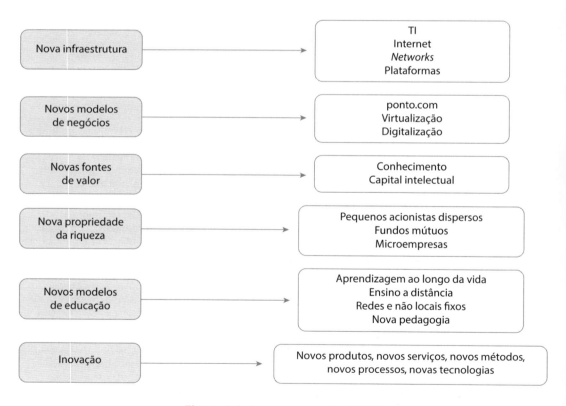

Figura 1.1 A nova economia digital.

1.4 ORGANIZAÇÕES COMO SISTEMAS SOCIAIS

Na moderna sociedade em que vivemos, quase todo o processo produtivo é realizado por meio das organizações. Assim, a sociedade moderna e industrializada caracteriza-se por ser uma sociedade composta de organizações. O homem moderno passa a maior parte de seu tempo em organizações, das quais depende para nascer, viver, aprender, trabalhar, ganhar seu salário, curar suas doenças, obter todos os produtos e serviços de que necessita etc.

Em uma abordagem mais ampla, as organizações são unidades sociais (ou agrupamentos humanos) intencionalmente construídas e reconstruídas, a fim de atingir objetivos específicos. Isso significa que as organizações são construídas de maneira planejada e elaboradas para atingir determinados objetivos. Elas também são reconstruídas, isto é, reestruturadas e redefinidas, na medida em que os objetivos são atingidos ou na medida em que se descobrem meios melhores para atingi-los com menor custo e menor esforço. Uma organização nunca constitui uma unidade pronta e acabada, mas um organismo social vivo e sujeito a constantes mudanças.

Figura 1.2 Do que são formadas as organizações.[5]

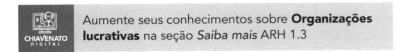

Aumente seus conhecimentos sobre **Organizações lucrativas** na seção *Saiba mais* ARH 1.3

1.5 ORGANIZAÇÕES COMO SISTEMAS ABERTOS

As organizações constituem sistemas abertos. Sistema é um conjunto de elementos dinamicamente relacionados que desenvolvem uma atividade para atingir determinado objetivo ou propósito. Todo sistema opera sobre matéria, energia ou informação obtidas do ambiente que constituem os insumos ou entradas (*inputs*) de recursos necessários para que o sistema possa operar. Esses recursos são processados pelas diversas partes do sistema (subsistemas) e transformados em saídas ou resultados (*outputs*) para serem devolvidos ao ambiente. Mas além de recursos, as organizações precisam de competências.

SAIBA MAIS — **Sobre competências essenciais da organização**

Hamel e Prahalad[6] argumentam que a habilidade crítica da gestão no futuro será identificar, cultivar e explorar as competências essenciais da organização que permitem o seu crescimento possível. Isso está provocando mudanças organizacionais, como a desunião e venda de atividades e marcas não essenciais e o aparecimento de uma rede de alianças estratégicas, onde cada parceiro traz sua competência essencial para construir uma oferta ao mercado. As competências têm de ser identificadas, nutridas e difundidas na organização como base para sua estratégia, e a direção precisa concordar com o que elas são e agir de acordo com elas. A competência essencial de uma organização proporciona acesso potencial a uma ampla variedade de mercados. Ela é determinante significativo para satisfação e benefício do cliente e deve ser difícil de ser copiada pelos concorrentes. Para essas três características identificadas por Hamel e Prahalad[7] – acesso, satisfação do cliente e dificuldade de ser copiada pelos outros –, é importante verificar se a competência pode ser combinada com outras capacidades para criar uma vantagem única para os clientes. Pode ser que a própria competência não complete esses critérios, mas, quando combinada com outras competências, torna-se ingrediente essencial para definir a singularidade da organização.

Assim, um sistema é constituído por quatro elementos essenciais:

a. **Entradas ou insumos**: todo sistema recebe entradas ou insumos vindos do ambiente externo. Por meio das entradas (*inputs*), o sistema importa os recursos e insumos necessários a sua alimentação e nutrição.

b. **Processamento ou operação**: é o núcleo do sistema, onde as entradas são processadas e transformadas em saídas ou resultados. Geralmente, é constituído de subsistemas (ou órgãos ou partes) especializados no processamento de cada tipo de recurso ou insumo importado pelo sistema.

c. **Saídas ou resultados**: constituem o resultado da operação do sistema. Por meio das saídas (*outputs*) ou resultados, o sistema exporta de volta ao ambiente o produto de sua operação.

d. **Retroação**: significa o retorno ou influência que as saídas provocam sobre as entradas, a fim de balancear ou equilibrar o funcionamento do sistema. A retroação (*feedback*) ou retroalimentação constitui, portanto, uma influência de retorno. A retroação é positiva quando a saída (por ser maior) estimula e amplifica a entrada para aumentar a operação do sistema. A retroação é negativa quando a saída (por ser menor) inibe e reduz a entrada para diminuir a operação do sistema. Dessa maneira, a retroação procura manter o sistema funcionando dentro de determinados parâmetros ou limites. Quando o sistema não alcança tais limites, ocorre a retroação positiva; quando o sistema ultrapassa tais limites, ocorre a retroação negativa.

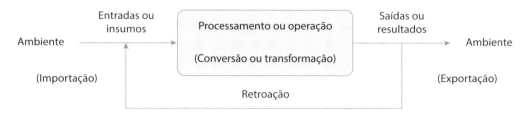

Figura 1.3 O sistema e seus quatro elementos essenciais.

Todo sistema existe e opera em um ambiente. Ambiente é tudo aquilo que envolve externamente um sistema. O ambiente proporciona os recursos de que o sistema precisa para existir. E é no ambiente que o sistema coloca seus resultados. Todavia, nem sempre o ambiente é uma fonte de recursos e insumos. Muitas vezes, o ambiente é também uma fonte de ameaças e contingências ao sistema.

Dependendo da maneira como se relaciona com seu ambiente, o sistema pode ser fechado ou aberto. O sistema fechado tem poucas entradas e poucas saídas com relação ao ambiente externo. Essas entradas e saídas são bem conhecidas e guardam entre si relação de causa e efeito: a uma determinada entrada (causa) ocorre sempre uma determinada saída (efeito). Por essa razão, o sistema fechado é também chamado sistema mecânico ou determinístico. O melhor exemplo de sistemas fechados são as máquinas, os motores e quase toda a tecnologia inventada pelo homem. Há uma separação muito nítida entre o sistema e o seu ambiente, isto é, as fronteiras do sistema são fechadas. Na realidade, não existe sistema totalmente fechado (que seria hermético), nem totalmente aberto (que seria evanescente). Todo sistema tem algum grau de relacionamento e de dependência com o ambiente. O sistema fechado obedece às leis da física nesse relacionamento com o ambiente.

O sistema aberto tem uma variedade enorme de entradas e de saídas com relação ao ambiente externo. Essas entradas e saídas não são bem conhecidas, e suas relações de causa e efeito são indeterminadas. Por isso, o sistema aberto é também chamado sistema orgânico. O melhor exemplo de sistemas abertos são as organizações em geral e as empresas em particular, todos os sistemas vivos e, principalmente, o homem. Nas organizações, não existe separação muito nítida entre o sistema e o seu ambiente, isto é, as fronteiras do sistema são abertas e permeáveis. O sistema é aberto à medida que efetua transações ou intercâmbios (entradas e saídas) com o ambiente que o envolve. Em outros termos, o sistema aberto apresenta grande interdependência com o seu ambiente. E essa interdependência não obedece às leis determinísticas da física.

A abordagem de sistema aberto concebe o sistema social em um dinâmico relacionamento com o ambiente, do qual recebe vários insumos, transforma-os de diversas formas e exporta produtos. O sistema recebe insumos na forma de materiais, energia e informação, evitando o processo de entropia[8] típico dos sistemas fechados. O sistema não é somente aberto em relação ao seu meio ambiente, mas também em relação a si mesmo ou internamente, o que faz com que as interações entre componentes afetem o sistema como um todo. O sistema aberto adapta-se ao seu ambiente mudando a estrutura e os processos de seus componentes internos.

A organização constitui um modelo genérico de sistema aberto. O sistema aberto está em contínua interação com seu ambiente e adquire um estado firme ou um equilíbrio dinâmico, enquanto retiver sua capacidade de transformação de energia em trabalho. A sobrevivência do sistema jamais seria possível sem esse contínuo fluxo de entrada, transformação e fluxo de saída. Assim, o sistema social ou biológico é basicamente um contínuo processo de reciclagem de material, energia ou informação. O sistema deve receber entrada suficiente de recursos para manter suas operações e, também, para exportar os recursos transformados ao ambiente em suficiente quantidade para continuar o ciclo.

Aumente seus conhecimentos sobre **Organização como um sistema aberto** na seção *Saiba mais* ARH 1.4

Miller e Rice definem que "toda empresa pode ser vista como um sistema aberto e que apresenta características em comum com o organismo biológico. Um sistema aberto existe, e somente pode existir, pelo intercâmbio de materiais com seu ambiente. Ele importa materiais, transforma-os por meio de processos de conversão, consome parte dos produtos da conversão para sua manutenção interna e exporta o restante. Direta ou indiretamente, ele intercambia seus resultados (saídas) para obter novos insumos (entradas), incluindo recursos adicionais para poder manter-se. Esses processos de importação-conversão-exportação constituem o trabalho que a empresa tem de fazer para viver".[9]

A teoria dos sistemas oferece um esquema conceitual que permite, ao mesmo tempo, a análise e a síntese da organização em um ambiente complexo e dinâmico. As partes da organização são vistas como subsistemas inter-relacionados dentro de um suprassistema. Esses inter-relacionamentos provocam integração sinérgica do sistema total, de tal modo que o todo é maior do que a soma das partes ou, pelo menos, diferente delas. Por outro lado, a organização é um sistema aberto que interage dinamicamente com o ambiente.

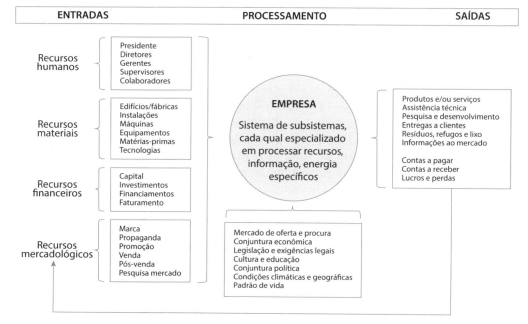

Figura 1.4 Sistema aberto: o interminável fluxo de recursos/informações/energia.

1.5.1 Abordagem de Katz e Kahn

Katz e Kahn desenvolveram um modelo de organização mais amplo e complexo por meio da aplicação da teoria dos sistemas. No modelo proposto por ambos, a organização apresenta características típicas de um sistema aberto:[10]

1. **Importação-transformação-exportação de energia:** a organização recebe insumos do ambiente e necessita de suprimentos renovados de energia de outras instituições, de pessoas ou do meio ambiente. Nenhuma estrutura social é autossuficiente ou autocontida. Ela depende de insumos obtidos no ambiente. A organização processa e transforma seus insumos em produtos acabados, serviços prestados, pessoal treinado etc. Essas atividades acarretam alguma reorganização dos insumos. Os sistemas abertos exportam produtos ou resultados (saída ou *output*) para o meio ambiente. O ciclo importação-processamento-exportação constitui a base do sistema aberto em sua interação com o meio ambiente.

2. **Os sistemas são ciclos de eventos:** toda troca de energia tem caráter cíclico. O produto que a organização exporta para o ambiente supre as fontes de energia para a repetição das atividades do ciclo. Assim, a energia colocada no ambiente retorna à organização para repetição de seus ciclos de eventos. São os eventos, mais do que as coisas, que se acham estruturados, de modo que a estrutura social é um conceito mais dinâmico do que estático. As atividades estão estruturadas em ciclos de eventos, que se repetem e se combinam. O funcionamento de qualquer sistema consiste em ciclos recorrentes de entradas, de transformações e de saídas.

3. **Entropia negativa:** a entropia é o processo pelo qual todas as formas organizadas tendem à exaustão, à desorganização, à desintegração e, finalmente, à morte. Para sobreviver, os sistemas abertos precisam se mover para deter o processo entrópico e reabastecer-se de energia para manter sua estrutura organizacional. A esse processo reativo de obtenção de reservas de energia dá-se o nome de entropia negativa ou negentropia.

4. **Informação como insumo, retroinformação negativa e codificação:** os sistemas vivos recebem, como insumos, materiais que contêm energia e que são transformados ou alterados pelo trabalho feito. Mas recebem também insumos de caráter informativo e que proporcionam sinais à estrutura sobre o ambiente e sobre seu próprio funcionamento em relação a ele. O tipo mais simples de entrada de informação é a retroinformação negativa (*negative feedback*), que permite ao sistema corrigir seus desvios da linha certa. As partes do sistema enviam de volta informação sobre os efeitos de sua operação a algum mecanismo central ou subsistema, o qual atua sobre tal informação e mantém o sistema na direção correta. Quando a retroinformação negativa é interrompida, o estado firme do sistema desaparece, enquanto sua fronteira se desvanece, pois tal dispositivo permite que o sistema se mantenha no curso certo sem absorver excesso de energia ou gastá-la demasiadamente. Por outro lado, o processo de codificação permite ao sistema reagir seletivamente apenas em relação aos sinais de informação para os quais esteja sintonizado. A codificação é um sistema de seleção de entradas, por meio do qual os materiais são rejeitados ou aceitos e traduzidos para a estrutura. A codificação do ambiente é simplificada em algumas categorias significativas e simplificada para o sistema.

5. **Estado firme e homeostase dinâmica:** o sistema aberto procura manter certa constância no intercâmbio de energia importada e exportada do ambiente, assegurando o seu caráter organizacional e evitando o processo entrópico. Assim, os sistemas abertos caracterizam-se por um estado firme: existe um influxo contínuo de energia do ambiente exterior e uma exportação contínua dos produtos do sistema, porém o quociente de intercâmbios de energia e as relações entre as partes continuam os mesmos. O estado firme é observado no processo homeostático que regula a temperatura do corpo humano: as condições externas de temperatura e umidade podem variar, mas a temperatura do corpo permanece a mesma.

6. **Diferenciação:** a organização, como todo sistema aberto, tende à diferenciação, isto é, à multiplicação e à elaboração de funções, o que lhe traz, também, multiplicação de papéis e diferenciação interna. Os padrões difusos e globais são substituídos por funções mais especializadas, hierarquizadas e altamente diferenciadas. A diferenciação é uma tendência para a elaboração da estrutura.

7. **Equifinalidade**: os sistemas abertos são caracterizados pelo princípio da equifinalidade proposto por von Bertalanffy:[11] um sistema pode alcançar, por uma variedade de caminhos, o mesmo estado final, partindo de diferentes condições iniciais. À medida que os sistemas abertos desenvolvem mecanismos regulatórios (homeostase) para regular suas operações, a quantidade de equifinalidade pode ser reduzida. Porém, a equifinalidade permanece: existe mais de um modo de o sistema produzir determinado resultado, ou seja, existe mais de um método para a consecução de um objetivo. O estado estável do sistema pode ser atingido a partir de condições iniciais diferentes e por meios diferentes.

8. **Limites ou fronteiras**: como sistema aberto, a organização apresenta limites ou fronteiras, isto é, barreiras entre o sistema e o ambiente. Os limites definem não só a esfera de ação do sistema, mas também o seu grau de abertura (receptividade de insumos) em relação ao ambiente.

SAIBA MAIS — Sobre o equilíbrio quase estacionário

A tendência mais simples do estado firme é a homeostase, cujo princípio básico é a preservação do caráter do sistema: o equilíbrio quase estacionário proposto por Kurt Lewin.[12] Segundo este conceito, os sistemas reagem à mudança ou a antecipam por meio do crescimento que assimila as novas entradas de energia na natureza de suas estruturas. Os altos e baixos desse ajustamento contínuo nem sempre trazem o sistema de volta a seu nível primitivo. Assim, os sistemas vivos apresentam crescimento ou expansão, nos quais maximizam seu caráter básico, importando mais energia do que a necessária para sua saída, a fim de garantir sua sobrevivência e obter alguma margem de segurança além do nível imediato de existência.

Em resumo, as organizações constituem uma classe de sistemas sociais, os quais, por sua vez, constituem uma classe de sistemas abertos. Os sistemas abertos também participam das características da entropia negativa, retroinformação, homeostase, diferenciação e equifinalidade. Não se acham em repouso, mas tendem à elaboração e à diferenciação, tanto em virtude da dinâmica dos subsistemas como pela relação entre crescimento e sobrevivência.

Aumente seus conhecimentos sobre **Negentropia** na seção *Saiba mais* ARH 1.5

1.5.2 Abordagem de Tavistock: o sistema sociotécnico

O modelo sociotécnico de Tavistock foi proposto por sociólogos e psicólogos do Instituto Tavistock de Londres. Trist afirma que toda organização consiste em uma combinação administrada de tecnologia e de pessoas, de tal forma que ambos os lados se acham em inter-relação recíproca. Além de ser considerada como um sistema aberto em interação constante com seu ambiente, a organização também é abordada como um estruturado sistema sociotécnico.[13]

Segundo o sistema sociotécnico, as organizações têm dupla função:

1. **Técnica** (relacionada com a coordenação do trabalho e execução das tarefas com a ajuda da tecnologia disponível).
2. **Social** (referente aos meios de relacionar as pessoas umas com as outras, de modo a fazê-las trabalharem juntas).

Quadro 1.3 Sistema sociotécnico: a interação entre sistema técnico e social

Sistema tecnológico	Tarefas a serem executadas, instalações físicas, equipamentos e instrumentos a serem utilizados, tecnologias, arranjo físico, métodos e processos de trabalho. Sistema responsável pela eficiência potencial.
Sistema social	Pessoas e suas características físicas e psicológicas, relacionamentos sociais decorrentes da organização formal (exigências da tarefa) e da organização informal. Responsável pela conversão da eficiência potencial em real.

O sistema técnico ou tecnológico é determinado pelos requisitos típicos das tarefas que são executadas pela organização. Varia muito de uma empresa para outra e é moldado pela especialização dos conhecimentos e das habilidades exigidas pelos tipos de máquinas, equipamentos e matérias-primas e pelo arranjo físico das instalações. Quase sempre, é a tecnologia quem determina o tipo de características humanas necessárias à organização: engenheiros e especialistas para a tecnologia computacional ou empregados braçais para a execução de construções civis. Tanto os conhecimentos, como a experiência anterior, as qualificações pessoais, as habilidades e destrezas são aspectos dependentes da tecnologia utilizada pela organização. O sistema técnico é o responsável pela eficiência potencial da organização. Para operar o sistema técnico, a organização requer um sistema social composto de pessoas que se relacionam e interagem profundamente. Ambos – sistema técnico e social – não podem ser encarados isoladamente, mas no contexto da organização total. Qualquer alteração em um provocará repercussões no outro.

O sistema sociotécnico é constituído de três subsistemas principais:

1. **Sistema técnico ou de tarefas**: que inclui o fluxo de trabalho, a tecnologia envolvida, os papéis requeridos pela tarefa e outras variáveis tecnológicas.

2. **Sistema gerencial ou administrativo**: define objetivos, estrutura organizacional, políticas, procedimentos e regras, sistema de recompensas e punições, maneiras pelas quais as decisões são tomadas e outros elementos para facilitar os processos administrativos.

3. **Sistema social ou humano**: é relacionado com a cultura organizacional, com os valores e as normas e com a satisfação das necessidades pessoais; também incluídos no sistema social estão a organização informal, o nível motivacional dos membros e suas atitudes individuais.

O sistema gerencial é responsável pela administração e pelo desenvolvimento da organização e de seus processos de tomada de decisão. Procura otimizar as relações entre os sistemas social e técnico, na medida em que trabalham orientados para metas e objetivos organizacionais.

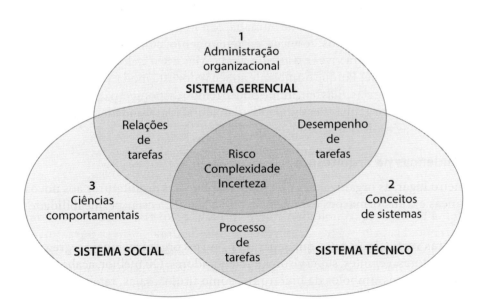

Figura 1.5 Sistema sociotécnico.[14]

> **SAIBA MAIS** — **Sobre a abordagem sociotécnica**
>
> A abordagem sociotécnica focaliza a organização ou uma parte dela como uma combinação de tecnologia (exigências de tarefa, ambiente físico, equipamento disponível) e, ao mesmo tempo, um sistema social (um sistema de relações entre aqueles que realizam a tarefa). Os sistemas tecnológico e social acham-se em interação mútua e recíproca, e um influencia o outro. A natureza da tarefa influencia (e não determina) a natureza da organização das pessoas, e as características psicossociais das pessoas influenciam (e não determinam) a forma com que determinado posto de trabalho será executado. O fundamento dessa abordagem reside no fato de que qualquer sistema de produção requer tanto uma organização tecnológica (equipamentos e arranjos de processos), como uma organização de trabalho (envolvendo pessoas que desempenham as tarefas necessárias). As demandas tecnológicas condicionam e limitam a espécie de organização de trabalho possível, porém a organização de trabalho apresenta propriedades sociais e psicológicas próprias, mas independentes da tecnologia.

1.5.3 Organizações de hoje

As organizações são a maior maravilha já construída pelo ser humano. E é impressionante: as organizações hoje são arquitetas de criação de valor, geração de riqueza e verdadeiros amplificadores naturais da capacidade humana. Seu impacto na sociedade é imenso e profundo: elas produzem produtos, serviços, entretenimento, cultura, educação, saúde, enfim tudo o que precisamos para viver e usufruir a vida. Mas o seu ciclo de vida está encurtando gradativamente. Por quê? Porque o ambiente ao seu redor está mudando mais rapidamente e profundamente do que elas. Elas têm muito pouco tempo disponível para aprender a adaptar-se a ele. Elas precisam ganhar flexibilidade, adaptabilidade, agilidade, jogo de cintura para sobreviver a tantas transformações. Como?

1.5.4 Mudanças na arquitetura

Em primeiro lugar, as organizações precisam adaptar suas arquiteturas aos novos tempos de mudanças e transformações exponenciais. Isso significa criar permeabilidade em suas fronteiras:

1. **Fronteiras verticais**: os tetos que separam os níveis organizacionais segregando presidente, diretores, gerentes, supervisores e colaboradores. Ou melhor, acabar com, ou pelo menos reduzir, os símbolos da hierarquia, como títulos, salas, refeitórios, separações, distanciamentos entre eles.
2. **Fronteiras horizontais**: as paredes que separam as áreas funcionais, como marketing, finanças, produção ou operações e Gestão Humana que trabalham separados e distantes entre si, tanto espacial quanto socialmente. Ou melhor, aproximar ou até juntar os elementos como parceiros da empresa e não de uma área dela.

3. **Fronteiras externas**: os muros externos que separam a organização do seu contexto de atuação: como seus fornecedores, intermediários (atacadistas e varejistas), clientes e consumidores, público em geral, sociedade, agências reguladoras para que ideias e conexões se tornem mais comuns e intensas.
4. **Fronteiras geográficas**: limitações territoriais, idiomáticas e culturais que separam a organização de outros países ou regiões. Incrementar intercâmbios de contatos e interações para transacionar produtos, serviços, tecnologias, informações e conhecimentos.

Quadro 1.4 Flexibilizar e permeabilizar fronteiras organizacionais

Fronteiras organizacionais	
■ Fronteiras verticais ■ Fronteiras horizontais ■ Fronteiras externas ■ Fronteiras geográficas	■ Permeabilidade e expansividade ■ Ideias, dados, informação, recursos devem fluir livremente acima e abaixo ■ Flexibilidade ■ Adaptabilidade ■ "Semidesorganização"

1.5.5 Mudanças na cultura corporativa

O mundo moderno exige também mudanças culturais nas organizações. A cultura organizacional também precisa ser constantemente reimaginada, flexibilizada e atualizada para se adaptar continuamente às mudanças e transformações rápidas e profundas que estão ocorrendo, a fim de que as organizações continuem competitivas e sustentáveis.

 Aumente seus conhecimentos sobre **Mudanças na cultura corporativa** na seção *Saiba mais* ARH 1.6

1.6 EXPECTATIVAS SOBRE AS ORGANIZAÇÕES

Toda organização tem ao seu redor e dentro delas mesmas uma variedade incrível de pessoas, grupos e organizações – que formam os seus públicos estratégicos ou partes interessadas – que investem nela de formas variadas e que esperam dela retorno de seus investimentos. Para ser competitiva e sustentável, ela deve saber atender a todos eles.

1.6.1 *Stakeholders*

A quem a organização serve e a quem ela deve prestar contas? Inclusive à Gestão Humana?
No passado, acreditava-se que as organizações deviam prestar contas a quem as fundou ou criou. Eram os proprietários que ingressavam com o capital de risco. Depois, com o crescimento, elas passaram a ter investidores e acionistas, que juntamente com os proprietários eram denominados *shareholders*.[15] Durante toda a Era Industrial, as organizações perseguiam o lucro para poderem remunerar o capital de risco. Os documentos mais

Capítulo 1 – As organizações 17

importantes eram o balanço contábil e os demonstrativos financeiros. Todos os parceiros – gestores e empregados – trabalhavam no sentido de prestar contas aos *shareholders*. A Era da Informação veio mudar totalmente essa realidade. Como o capital financeiro cedeu espaço ao Capital Intelectual e o conhecimento se tornou a maior fonte de riqueza, os *shareholders* cederam espaço aos *stakeholders*. E as organizações passaram a prestar contas a uma enorme rede ao seu redor de públicos estratégicos.

Quadro 1.5 *Stakeholders* – públicos estratégicos da organização[16]

Stakeholders	Contribuições (investimentos feitos)	Incentivos (retornos esperados)
Shareholders (proprietários, acionistas e investidores)	Contribuem com capital financeiro na forma de ações, financiamentos, créditos, dinheiro ou empréstimos	São motivados por rentabilidade, lucratividade, liquidez, dividendos, retorno do investimento
Gestores e colaboradores	Contribuem com trabalho, esforço, dedicação pessoal, desempenho, conhecimento, habilidades, competências	São motivados por salários, benefícios, prêmios, elogios, reconhecimento, oportunidades, progressão no trabalho
Clientes ou consumidores	Contribuem com dinheiro pela aquisição dos produtos ou serviços oferecidos pela organização	São motivados por preço, qualidade, condições de pagamento, satisfação de necessidades e alcance de expectativas
Fornecedores	Contribuem com materiais, matérias--primas, serviços especializados, equipamentos e tecnologias	São motivados por novos negócios, manutenção do faturamento, lucratividade e retorno do investimento
Agências reguladoras	Contribuem com atividades regulatórias, normatização, vigilância, acordos sindicais	São motivadas por regulação e normatização, obediência a leis ou acordos de negócios
Comunidade	Contribui com espaço físico, recursos naturais, proximidade, vizinhança	É motivada pelas oportunidades de emprego e investimentos locais
Sociedade	Contribui com cultura, espaço social, opinião pública, organizações sociais	É motivada pelas oportunidades de desenvolvimento econômico
Governo	Contribui com infraestrutura, regulação do mercado	É motivado pelos impostos e contribuições ao estado

Alguns *stakeholders* são internos (como gestores e colaboradores), enquanto outros, externos (como clientes e fornecedores). Alguns são próximos, outros, distantes. Tanto a organização como seus *stakeholders* estão envolvidos em uma constante e mútua adaptação. Os *stakeholders* investem à sua maneira na organização à espera de retornos. Se o retorno é satisfatório, a tendência é mantê-lo ou aumentá-lo. Senão... Embora a organização deva manter equilíbrio na satisfação de todos os *stakeholders*, ele nunca é completamente alcançado em virtude das mudanças de necessidades, de objetivos e de relações mutáveis de poder. Assim, essa adaptação é um processo constante cuja regra é a mudança e o ajustamento. Todos os parceiros (internos ou externos) provocam impacto sobre a adaptação e os processos de tomada de decisão da organização e vice-versa. Os clientes podem influenciar as decisões na área de marketing, enquanto os acionistas podem influenciar as decisões na área financeira. Além disso, os limites da organização são flexíveis e não tão claramente definidos como nos organismos vivos.[17] Eles se expandem e se contraem, incluindo certos grupos de membros ou excluindo outros, conforme o processo de adaptação e de tomada de decisão envolvido. A Figura 1.6 exemplifica duas diferentes situações.

Proprietários
Acionistas
Compradores
Crediaristas
Bancos ou financeiras
Especialistas da área financeira e tesouraria

Fronteiras organizacionais envolvendo públicos estratégicos em uma decisão financeira

Candidatos
Gestores
Colaboradores
Recrutadores
Agências de recrutamento
Mídias sociais
Especialistas da área de RH

Fronteiras organizacionais envolvendo públicos estratégicos em uma decisão de RH

Fornecedor
Gestor de compras
Comprador sênior
Almoxarifado
Órgão requisitante
Mídias sociais
Especialistas da área de fabricação

Fronteiras organizacionais envolvendo públicos estratégicos em uma decisão de produção

Figura 1.6 Flexibilidade e a permeabilidade dos limites de uma organização.[18]

SAIBA MAIS **Sobre os *stakeholders***

Muitos autores preferem falar em *stakeholders* em vez de públicos estratégicos ou parceiros da organização para ampliar ainda mais o conceito de organização. A organização é um sistema que congrega vários grupos de *stakeholders* com os quais estabelece suas relações e interações.[19] *Stakeholders* são pessoas, grupos e organizações capazes de influenciar ou serem influenciados pelos resultados alcançados e que possuem reivindicações a respeito do desempenho da empresa.[20] São os públicos que têm algum interesse na empresa, ou seja, pessoas ou organizações que participam direta ou indiretamente do sucesso do negócio. Os *stakeholders* contribuem de alguma forma para o negócio e esperam retornos dessa contribuição. São os acionistas, clientes, funcionários, fornecedores, agências reguladoras, sindicatos etc. A organização deve ter ideias claras sobre o que os vários *stakeholders* esperam dela, a fim de atender de modo equilibrado a todos os diferentes interesses nela envolvidos.

Capítulo 1 – As organizações

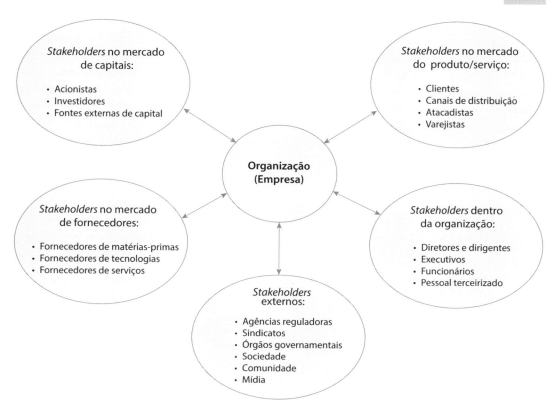

Figura 1.7 Os vários grupos de stakeholders.[21]

1.7 MISSÃO ORGANIZACIONAL

Missão organizacional é a declaração do propósito e do alcance da empresa em termos de produto e de mercado. A missão define o papel da organização dentro da sociedade em que está envolvida e significa sua razão de ser e de existir. A missão da organização é definida em termos de satisfazer a alguma necessidade do ambiente externo e não em termos de oferecer um simples produto ou serviço.[22] A missão está associada com o negócio da organização. Como lembra Drucker, a pergunta sobre qual é o negócio da organização é tão raramente feita – pelo menos de maneira clara e direta – e tão raramente os executivos dedicam estudo e reflexão adequados sobre o assunto, que talvez seja esta a mais importante causa do fracasso dos negócios.[23] A missão constitui uma maneira de traduzir o sistema de valores em termos de crenças ou áreas básicas de atuação da organização. Em geral, a missão está alinhada com os seguintes aspectos:[24]

- Qual é a razão de ser da organização.
- Qual é o papel da organização na sociedade.
- Qual é a natureza do negócio da organização.
- Quais são os tipos de atividades em que a organização deve concentrar seus esforços no futuro.

Todas as organizações fazem alguma coisa. Muitas delas fazem a mesma coisa, embora essa mesma coisa possa ser diversa para cada caso. O importante é personalizar a organização e seus produtos/serviços para que eles não sejam apenas *commodities* no mercado. Cada organização precisa descrever suas competências essenciais que são muito mais amplas do que as dos seus produtos/serviços. Isso somente é possível com o conceito de missão.

Aumente seus conhecimentos sobre **Missão e visão da organização** na seção *Saiba mais* ARH 1.7

1.7.1 Visão organizacional

A visão organizacional – ou visão do negócio – refere-se àquilo que a organização deseja ser no futuro. A visão é fortemente inspiradora e explica por que, diariamente, as pessoas dedicam a maior parte de seu tempo para o sucesso da sua organização. Quanto mais a visão de negócios está alinhada aos interesses dos parceiros, tanto mais ela pode atender aos seus propósitos.

1.7.2 Objetivos organizacionais

A organização constitui um arranjo de componentes projetados para cumprir um objetivo de acordo com um plano. Nessa definição existem três pontos básicos. Primeiro, há um propósito ou objetivo para o qual o sistema é projetado. Segundo, há um projeto ou arranjo estabelecido de componentes. Terceiro, as entradas de informação, energia e materiais são alocadas para que o sistema possa funcionar.

Toda organização precisa de alguma finalidade, de uma noção sobre os porquês de sua existência e do que ela deseja realizar. Precisa definir sua missão, seus objetivos e a espécie de ambiente interno que quer criar para os parceiros dos quais depende para a consecução de seus fins. Sem noções sobre sua missão e direção, ela flutuará ao sabor dos ventos, pois a organização fará aquilo que for compelida a fazer pelas pressões transitórias da situação. Sua vida e sua atitude serão determinadas não pelo que ela decidiu, mas pelo que os outros decidiram.

As organizações são unidades sociais que procuram atingir objetivos específicos: a sua razão de ser é servir a esses objetivos. Um objetivo de uma organização é uma situação desejada que ela deseja alcançar. Dentro dessa colocação, os objetivos organizacionais têm muitas funções:[25]

a. **Situação futura**: ao apresentar uma situação futura, os objetivos indicam uma orientação que a organização procura seguir e estabelecem linhas-mestras para a atividade dos participantes.

b. **Fonte de legitimidade**: os objetivos constituem uma fonte de legitimidade que justifica as atividades de uma organização e até a sua existência.

c. **Padrões**: os objetivos servem como padrões por meio dos quais os participantes e os estranhos a ela podem comparar e avaliar o êxito da organização, ou seja, a sua eficiência e o seu rendimento.

d. **Unidades de medida**: os objetivos servem como unidade de medida para se verificar e comparar a produtividade da organização ou de seus órgãos ou ainda de seus participantes.

Os objetivos estabelecidos oficialmente pela organização são comunicados por meio de documentos oficiais, como estatutos, atas de assembleias, relatórios anuais etc., ou mediante pronunciamentos públicos de dirigentes.

Assim, as organizações podem ser estudadas do ponto de vista de seus objetivos. São os objetivos que estabelecem a base para Aumente seus conhecimentos sobre **Obetivos organizacionais** na seção *Saiba mais* ARH 1.8

a relação entre a organização e o seu ambiente. A organização não busca unicamente um só objetivo, pois precisa satisfazer uma enorme quantidade de requisitos e exigências que são impostos a ela não somente pelo ambiente externo, mas também pelos seus parceiros. Esses objetivos não são estáticos, mas dinâmicos e em contínua evolução, alterando as relações (externas) da organização com o seu ambiente e (internas) com os seus participantes e sendo continuamente reavaliados e modificados em função das mudanças do ambiente e da organização interna dos participantes.

O estudo dos objetivos organizacionais é complicado devido a alguns aspectos:

a. Quando um objetivo se torna realidade, deixa de ser o objetivo desejado e passa a ser uma situação atual. Um objetivo é um estado que se procura, e não um estado que se possui.
b. Muitas organizações têm legítima e simultaneamente vários objetivos. Algumas delas acrescentam novos objetivos aos seus objetivos originais.
c. Muitas organizações possuem um órgão formal – um departamento – que estabelece os objetivos e suas modificações posteriores. Em algumas delas, os objetivos são estabelecidos por votos dos acionistas; em outras, pelo voto dos participantes; por um conselho deliberativo em outras ou, ainda, por um indivíduo que possui ou dirige a organização.
d. Podem ocorrer mudanças e substituições de objetivos para os quais a organização não foi criada e para os quais os recursos não são adequados ou suficientes.
e. Pode-se medir a eficácia de uma organização na medida em que ela atinge os seus objetivos. A eficiência é medida pela quantidade de recursos utilizados para fazer uma unidade de produção: a eficiência aumenta à medida que os custos e os recursos utilizados decrescem.

1.7.3 Racionalidade das organizações

Racionalidade significa a adequação dos meios utilizados aos objetivos que se deseja alcançar. No contexto da Teoria da Burocracia, isso significa eficiência: uma organização é racional se os meios mais eficientes são escolhidos para alcançar os objetivos desejados. No entanto, são levados em consideração os objetivos organizacionais e não os objetivos individuais dos participantes. O fato de uma organização ser racional não implica necessariamente que todos os seus participantes ajam racionalmente no que concerne às suas próprias aspirações e objetivos pessoais. Muito pelo contrário: quanto mais racional e burocrática se torna a organização, tanto mais os seus participantes individuais se tornam simples engrenagens de uma máquina, ignorando o propósito e o significado do seu comportamento. A racionalidade é reforçada pela elaboração de regras e regulamentos que servem para dirigir o comportamento dos participantes rumo à eficiência. Esta é também a concepção de racionalidade que fundamenta a Administração Científica de Taylor, que almeja a descoberta e aplicação da melhor maneira (*the best way*) de desempenho.

Uma das maneiras para se entender o comportamento das organizações reside no conceito de racionalidade. A racionalidade é o imperativo de todas as atividades administrativas de uma organização e é o que a leva a uma infinidade de comportamentos diferentes para alcançar os seus objetivos. A racionalidade se aplica a muitas situações: quando o problema envolve minimização de meios para alcançar determinado fim (utilização de recursos mínimos), ou quando os fins que se pretende alcançar é que determinam a forma pela qual um sistema racional deve comportar-se (adequação de recursos). Nesse caso, pretende-se, com os recursos disponíveis, alcançar o objetivo pretendido da maneira mais eficiente. A eficiência, como já vimos, está relacionada com a utilização dos recursos para alcançar determinado objetivo ou finalidade. A eficiência pode ser analisada através da razão E = P/R, onde P são os produtos (saídas ou resultados) e R são os recursos utilizados (entradas ou insumos). A eficiência é um resultado da racionalidade.[26] Dados os objetivos, compete à racionalidade a descoberta dos meios mais adequados para alcançá-los.

Existe uma racionalidade organizacional: toda organização se comporta de acordo com uma racionalidade que lhe é própria. A racionalidade está ligada aos meios, métodos e processos que a organização acredita serem capazes de proporcionar o alcance de determinados objetivos. A racionalidade fundamenta-se em uma presunção sobre as relações de causa e efeito: determinadas ações conduzem a certas consequências. Assim, uma ação é racional se é consistente ou congruente com o alcance de objetivos que se pretende atingir ou se ajusta a presunções ou premissas previamente aceitas pela organização. Existe racionalidade porque o comportamento da organização é planejado e dirigido para os objetivos que ela pretende alcançar. Para que haja racionalidade, meios, procedimentos, métodos, processos etc. devem ser coerentes com o alcance dos objetivos desejados.

Aumente seus conhecimentos sobre **Racionalidade organizacional** na seção *Saiba mais* ARH 1.9

1.7.4 Eficiência e eficácia

Cada organização deve ser considerada do ponto de vista de eficácia e de eficiência, simultaneamente. Eficácia é uma medida normativa do alcance de resultados, enquanto eficiência é uma medida normativa da utilização dos recursos nesses processos. Em termos econômicos, a eficácia de uma organização refere-se à sua capacidade de satisfazer uma necessidade de sociedade por meio do suprimento de seus produtos (bens ou serviços), enquanto a eficiência é uma relação técnica entre entradas e saídas. Nesses termos, a eficiência é uma relação entre custos e benefícios. Assim, a eficiência está voltada para a melhor maneira (*the best way*) pela qual as coisas devem ser feitas ou executadas (métodos), a fim de que os recursos (pessoas, máquinas, matérias-primas) sejam aplicados da forma mais racional possível. A eficiência preocupa-se com os meios, com os métodos e procedimentos mais indicados que precisam ser devidamente planejados e organizados, a fim de assegurar a otimização da utilização dos recursos disponíveis. A eficiência não se preocupa com os fins, mas simplesmente com os meios. O alcance dos objetivos visados não entra na esfera de competência da eficiência; é um assunto ligado à eficácia.

Capítulo 1 – As organizações   23

Quadro 1.6 Características da eficiência e da eficácia[27]

Ênfase na eficiência	Ênfase na eficácia
Ênfase nos meios	**Ênfase nos resultados e fins**
■ Fazer corretamente as coisas	■ Fazer as coisas certas
■ Resolver problemas	■ Atingir os objetivos propostos
■ Salvaguardar os recursos	■ Otimizar a utilização de recursos
■ Cumprir tarefas e obrigações	■ Obter resultados e agregar valor
■ Treinar os subordinados	■ Proporcionar eficácia aos subordinados
■ Manter as máquinas e os equipamentos	■ Ter máquinas disponíveis
■ Presença nos templos	■ Prática de valores religiosos
■ Rezar	■ Ganhar o céu
■ Jogar futebol com arte	■ Vencer o campeonato

Na medida em que o gestor se preocupa em fazer corretamente as coisas, ele está se voltando para a eficiência (melhor utilização dos recursos disponíveis). Porém, quando ele utiliza os instrumentos fornecidos por aqueles que executam para avaliar o alcance dos resultados, isto é, para verificar se as coisas bem-feitas são as que realmente devem ser feitas, então ele está se voltando para a eficácia (alcance dos objetivos por meios dos recursos disponíveis). Contudo, nem sempre a eficácia e a eficiência andam de mãos dadas. Uma organização pode ser eficiente em suas operações e pode não ser eficaz, ou vice-versa. Pode ter eficiência em suas operações e, apesar disso, ser eficaz, muito embora a eficácia fosse bem maior quando acompanhada da eficiência. Pode também não ser nem eficiente nem eficaz. O ideal seria uma empresa igualmente eficiente e eficaz.

Quadro 1.7 Relações entre eficácia e eficiência[28]

		EFICIÊNCIA (otimização na utilização dos recursos disponíveis)	
		Elevada	**Baixa**
EFICÁCIA (alcance dos objetivos organizacionais)	**Elevada**	A atividade operacional é deficiente e os recursos são precariamente utilizados. Os métodos e procedimentos conduzem a um desempenho inadequado e insatisfatório. Apesar disso, os objetivos organizacionais são alcançados, embora o desempenho e os resultados pudessem ser melhores. A organização obtém vantagens no seu ambiente (por meio da manutenção ou ampliação de mercado, do volume de vendas pretendido, da satisfação do consumidor, da lucratividade pretendida)	A atividade é bem executada e o desempenho individual e departamental é bom, pois os métodos e procedimentos são racionais. As coisas são bem-feitas, executadas da melhor maneira, com o menor custo e ao menor tempo e esforço. A atividade produz resultados vantajosos para a organização, pois ela é estratégica ou tática para o alcance dos objetivos que a empresa se propõe a alcançar. As coisas são feitas para alcançar resultados visados pela empresa e lhe asseguram sobrevivência, estabilidade ou crescimento
	Baixa	Baixo retorno do investimento, pois os recursos são precariamente utilizados (desperdício de materiais, de equipamentos, de mão de obra e de tempo, com elevados custos operacionais). Dificuldade no alcance dos objetivos organizacionais (redundando em perda de mercado, baixo volume de vendas, reclamações de consumidores, prejuízos elevados)	Elevado retorno do investimento, pois os recursos são utilizados intensiva e racionalmente, sem o menor desperdício (graças a métodos e procedimentos bem planejados e organizados), redundando em baixos custos operacionais. Apesar disso, há dificuldades no alcance dos objetivos organizacionais. Apesar de as coisas serem bem-feitas dentro da organização, o sucesso organizacional é precário

A literatura sobre eficácia organizacional é volumosa e geralmente envolve indicadores contábeis em termos de lucro, vendas, faturamento, despesas ou critérios parecidos. Pode envolver outros indicadores financeiros como custo por unidade, porcentagem de lucro sobre vendas, crescimento do valor em estoque, utilização da fábrica e do equipamento, relação entre capital e faturamento, capital e lucratividade etc. Em geral, são unidades de mensuração bastante simples e tópicas e não espelham a totalidade. Além disso, elas se referem ao passado e não discutem o presente ou o futuro da organização. E o pior: focalizam ativos tangíveis e quase sempre omitem os ativos intangíveis da organização.

1.8 NÍVEIS ORGANIZACIONAIS

Na realidade, não é toda a organização que se comporta como um sistema aberto em interação com o ambiente, mas apenas uma parte dela. Acontece que a estrutura e o comportamento organizacional são variáveis dependentes, enquanto o ambiente e a tecnologia são variáveis independentes. O ambiente impõe desafios externos à organização, enquanto a tecnologia impõe desafios internos. Para se defrontarem com os desafios externos e com os desafios internos, as organizações se diferenciam em três níveis organizacionais, qualquer que seja sua natureza ou tamanho. Esses três níveis são:[29]

1.8.1 Nível institucional ou estratégico

Corresponde ao nível mais elevado da organização. É composto de diretores, proprietários ou acionistas e altos executivos. É denominado nível estratégico, pois é o nível em que as decisões são tomadas e em que são estabelecidos os objetivos da organização, bem como as estratégias necessárias para alcançá-los. O nível institucional é o nível periférico e é predominantemente extrovertido, pois mantém a interface com o ambiente. Funciona como um sistema aberto e lida com a incerteza, pelo fato de não ter nenhum poder ou controle sobre os eventos ambientais presentes nem capacidade de prever com razoável precisão os eventos ambientais futuros.

1.8.2 Nível intermediário ou tático

Também chamado nível mediador ou gerencial, nele estão os departamentos e as divisões da empresa. Está colocado entre o nível institucional e o nível operacional e cuida da articulação interna entre esses dois níveis. Cuida da adequação das decisões tomadas no nível institucional (no topo) às operações realizadas no nível operacional (na base da organização). Corresponde à linha do meio-campo e é constituído da média administração, ou seja, dos órgãos ou pessoas que transformam as estratégias elaboradas para atingir os objetivos organizacionais em programas de ação. Defronta-se com dois componentes completamente diferentes: um sujeito à incerteza e ao risco e enfrentando um ambiente externo mutável e complexo (nível institucional), e outro voltado à lógica e à certeza e ocupado com a programação e execução de tarefas muito bem definidas e delimitadas (nível operacional). É o nível intermediário que amortece os impactos e solavancos da incerteza trazida do ambiente pelo nível institucional, absorvendo-os e digerindo-os para trazer ao nível operacional os programas, as rotinas e os procedimentos de trabalho rigidamente estabelecidos que este último deverá seguir para executar as tarefas básicas da organização com eficiência.

1.8.3 Nível operacional

Denominado nível técnico ou núcleo técnico, é o nível localizado nas áreas internas e inferiores da organização. É o nível organizacional mais baixo, em que as tarefas são executadas e as operações são realizadas. Envolve a programação e execução das atividades cotidianas da empresa. É nele que estão as máquinas e os equipamentos, as instalações físicas, as linhas de montagem, os escritórios e os balcões de atendimento, que constituem a tecnologia predominante da organização. Envolve o trabalho básico relacionado diretamente com a produção dos produtos ou serviços da organização e cujo funcionamento deve atender a determinadas rotinas e procedimentos programados dentro de regularidade e continuidade que assegurem a utilização plena dos recursos disponíveis e a máxima eficiência das operações. Está orientado para as exigências impostas pela natureza da tarefa e com a tecnologia utilizada para executá-la. Funciona como um sistema fechado e determinístico no íntimo da organização.

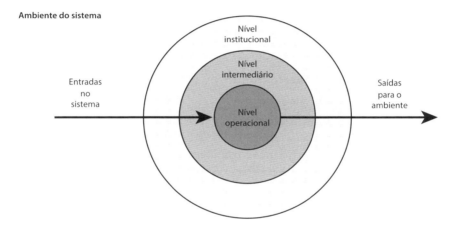

Figura 1.8 Os três níveis organizacionais e o ambiente.

 SAIBA MAIS — **Sobre organizações como sistemas abertos e fechados**

As organizações são, de um lado, sistemas abertos, defrontando-se com a incerteza que provém das coações e contingências externas impostas pelo ambiente e que nelas penetram por meio do nível institucional. Esse nível busca a eficácia, procurando tomar decisões que visem aproveitar as oportunidades ambientais, defender-se das ameaças e neutralizar as coações e contingências vindas do ambiente, buscando alcançar aspectos satisfatórios. Por outro lado, as organizações são sistemas fechados, tendo em vista que o nível operacional funciona em termos de certeza e previsibilidade, operando a tecnologia de acordo com critérios de racionalidade. O nível operacional busca a eficiência nas operações executadas dentro de programas, rotinas e procedimentos padronizados, cíclicos, repetitivos, buscando alcançar aspectos otimizantes. Os três níveis funcionam articuladamente e não guardam limites bem definidos. O importante é que fazem parte da divisão do trabalho organizacional. No passado, a área de Gestão Humana posicionava-se no nível operacional. Aos poucos, avançou para o nível intermediário e agora está alçando o nível estratégico das organizações. Antes, trabalhava na certeza e previsibilidade, agora na incerteza e imprevisibilidade. A complexidade aumentou.

1.9 ORGANIZAÇÕES E O AMBIENTE

Uma vez que desenhamos um modelo para visualizar a organização, resta saber em qual contexto ela existe e funciona. As organizações não são absolutas, não estão sozinhas no mundo e nem existem no vácuo. Como sistemas abertos, elas operam em um ambiente que as envolve e rodeia. Denominamos ambiente a tudo aquilo que envolve externamente uma organização. Ambiente é o contexto dentro do qual existe a organização ou sistema. De um ponto de vista mais abrangente, ambiente é tudo o mais que existe ao redor de uma organização. Como o ambiente é vasto, amplo, genérico, abrangente e difuso, torna-se difícil avançar nesse conceito. Para operacionalizar o conceito de ambiente, definiremos dois estratos ambientais: o ambiente geral (ou macroambiente) e o ambiente de tarefa (ou microambiente).[30]

1.9.1 Ambiente geral ou macroambiente

O ambiente geral é constituído de todos os fatores econômicos, tecnológicos, sociais, políticos, legais, culturais, demográficos etc. que ocorrem no mundo todo e na sociedade em geral. Esses fatores compõem um campo dinâmico de um turbilhão de forças que se cruzam, chocam, se juntam, se antagonizam, se multiplicam, se anulam ou se potencializam, provocando ações e reações e, consequentemente, instabilidade e mudança. E, por decorrência, a complexidade e a incerteza a respeito das situações e circunstâncias que são criadas. O cenário ambiental influencia poderosamente todas as organizações, afetando algumas com maior ou menor impacto e criando condições mais ou menos favoráveis. Seu efeito, portanto, é genérico e abrangente para todas as organizações.

Figura 1.9 Os três níveis organizacionais e seu funcionamento.[31]

Quadro 1.8 Forças que afetam o ambiente geral ou macroambiente

- Variáveis econômicas
- Variáveis tecnológicas
- Variáveis sociais
- Variáveis políticas
- Variáveis legais
- Variáveis culturais
- Variáveis demográficas
- Variáveis ecológicas

Aumente seus conhecimentos sobre **A complexidade ambiental** na seção *Saiba mais* ARH 1.10

1.9.2 Ambiente de tarefa ou microambiente

O ambiente de tarefa é o mais próximo e imediato da organização. É, portanto, o ambiente específico. Cada organização tem seu próprio ambiente de tarefa, do qual obtém suas entradas e no qual coloca suas saídas ou resultados. Assim, no ambiente de tarefa, estão as entradas e saídas do sistema, isto é, os fornecedores de recursos (materiais, financeiros, humanos, de atividades terceirizadas etc.), de um lado, e os clientes ou consumidores, de outro lado. A organização, porém, não é senhora absoluta de tudo o que está a seu redor. Em seu ambiente de tarefa, estão os concorrentes (que disputam com ela tanto suas entradas como suas saídas) e as entidades regulamentadoras (como os sindicatos, os órgãos fiscalizadores, entidades reguladoras etc.), que impõem condições, restrições e limitações à atividade organizacional.

Figura 1.10 Forças que afetam o ambiente de tarefa ou microambiente.

É no ambiente de tarefa que a organização cria seu nicho de operações e estabelece seu domínio. O domínio define as relações de poder e dependência com relação aos elementos ambientais que acabamos de descrever. Assim, o ambiente de tarefa oferece recursos, meios e oportunidades. Contudo, impõe demandas, condições, coações, restrições, desafios, contingências e ameaças à organização. É uma faca de dois gumes. A organização bem-sucedida é capaz de coordenar o trabalho de indivíduos e grupos que executam tarefas de maneira que permita ao sistema total operar dentro das restrições, responder às demandas e tirar vantagem das oportunidades que surgem no ambiente.

A primeira característica do ambiente é a crescente complexidade. A segunda característica é a permanente mudança. Daí decorre a terceira característica, que é a incerteza que a organização tem a respeito daquilo que ocorre no ambiente. Com o advento da tecnologia da informação e da globalização dos mercados, o mundo tornou-se uma enorme aldeia global. A competição passou de nacional a regional, depois a internacional e agora a mundial. Os fenômenos que ocorrem em qualquer parte do mundo passam a provocar influências em todas as demais partes com rapidez incrível. Se antes o concorrente ficava na outra esquina, agora ele fica em vários outros países do mundo, que nem sequer conhecemos. Se antes o mercado era local ou municipal, agora é um mercado global e mundial, sem fronteiras e sem bandeiras. Trabalhar com um ambiente limitado e reservado é fácil. O difícil é tentar correr atrás da galinha para agarrá-la em terreno aberto. O mesmo ocorre com a informação a respeito do ambiente. As organizações não estão preparadas para processar informações para mapear, perceber e interpretar seus ambientes e conhecê-los adequadamente para guiar suas decisões e ações.

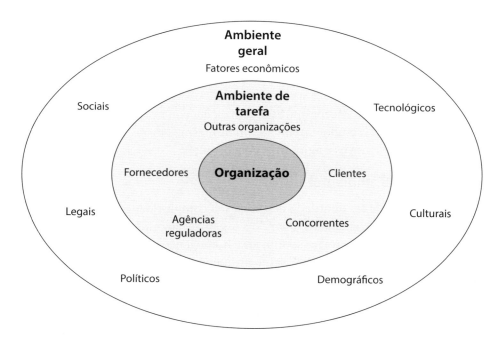

Figura 1.11 Organização, ambiente de tarefa e ambiente geral.

1.9.3 Dinâmica ambiental

O ambiente de tarefa pode ser abordado quanto a seu dinamismo, isto é, sob o prisma de estabilidade *versus* instabilidade. Quando o ambiente se caracteriza por poucas mudanças ou mudanças leves e previsíveis, ele se denomina ambiente estável e estático. Porém, quando se caracteriza por mudanças rápidas e imprevistas, ele se denomina ambiente mutável ou instável. Quando a mutabilidade é muito forte, ela se aproxima da turbulência. Na realidade, são duas situações extremas em um *continuum*:[32]

1. **Ambiente de tarefa estável e estático:** é um ambiente conservador e previsível e permite reações padronizadas (estandardizadas) e rotineiras (repetitivas) da organização. Esta pode utilizar o modelo burocrático de organização – modelo mecanístico – para estabelecer regras e regulamentos de rotina para as atividades de seus departamentos, pois seus clientes, fornecedores, concorrentes e agências reguladoras quase nunca mudam suas ações e reações. As principais características das organizações bem-sucedidas nesse tipo de ambiente são a rotina e o conservantismo. Esse tipo de ambiente predominou durante a primeira metade do século 20. A partir da segunda guerra mundial, começou a sofrer mudanças. Hoje, são pouquíssimas as organizações que mantêm um ambiente de tarefa estável e estático, no qual pouco mudam as regras do jogo com fornecedores, clientes e concorrentes: é o caso de indústrias de chapéu e de goma arábica, onde há poucas mudanças.

2. **Ambiente de tarefa mutável e instável:** é um ambiente dinâmico, mutável, imprevisível e turbulento e impõe reações diferentes, novas e criativas da organização. A organização precisa utilizar o modelo orgânico – ou adhocrático – de organização para proporcionar reações adequadas às coações ambientais que precisa enfrentar e às contingências que ela não consegue prever. As principais características das organizações bem-sucedidas nesse tipo de ambiente são a mudança e inovação permanentes.

   Ao ingressar na Era da Informação, as organizações passaram a funcionar em ambientes do tipo mutável e instável. Até mesmo as organizações conservadoras – como a indústria de cimento e ferrovias –, embora mantenham os mesmos fornecedores e clientes, estão sofrendo o impacto de novos e agressivos concorrentes.

1.9.4 Complexidade ambiental

O ambiente também pode ser abordado quanto à sua complexidade. Daí o *continuum* homogeneidade *versus* heterogeneidade. Quando a organização produz um único produto ou serviço, seu ambiente de tarefa torna-se simples e homogêneo, pois ela focaliza apenas um tipo de cliente e um tipo de fornecedor. E também apenas um tipo de concorrente e de agência reguladora. Mas quando a organização produz uma variedade de produtos ou serviços diferenciados, seu ambiente de tarefa torna-se complexo e heterogêneo, com diversidade de fornecedores, clientes, concorrentes e grupos reguladores. Se a organização muda seus produtos ou serviços – modificando-os, ampliando-os ou cancelando-os –, ela muda também seu ambiente de tarefa, se a mudança trouxer diferentes clientes, fornecedores, concorrentes ou agentes reguladores. No *continuum* que vai da homogeneidade à heterogeneidade, os dois extremos são:[33]

1. **Ambiente de tarefa homogêneo:** permite à organização uma estrutura organizacional simples, com poucos departamentos para lidar com eventos ambientais homogêneos (ou uniformes) e, ao mesmo tempo, centralizada. É o caso das organizações que têm clientes, fornecedores e concorrentes pouco diferentes entre si e que podem ser tratados com certa uniformidade de critérios por parte da organização. A característica das organizações bem-sucedidas nesse tipo de ambiente é a simplicidade: são as organizações com um só produto ou serviço e que se concentram nele.

2. **Ambiente de tarefa heterogêneo:** impõe à organização a necessidade de unidades ou órgãos diferenciados que correspondam aos respectivos segmentos diferenciados do ambiente de tarefa. O ambiente de tarefa heterogêneo impõe variedade à organização e esta se diferencia em uma porção de departamentos, cada qual responsável por um aspecto dessa variedade ambiental. É o caso de organizações com vários mercados de clientes e fornecedores, com concorrentes heterogêneos e diferentes entre si. A característica de organizações bem-sucedidas nesse tipo de ambiente é a complexidade e múltiplos produtos ou serviços para se defrontar com diferentes fornecedores, diferentes clientes e diferentes concorrentes.

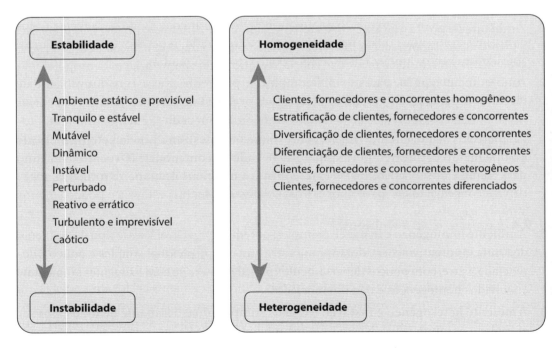

Figura 1.12 *Continuum* entre estabilidade e instabilidade e entre homogeneidade e heterogeneidade.

A junção desses dois aspectos do ambiente de tarefa proporciona um quadro de dupla entrada que permite melhor compreensão dos fenômenos envolvidos.

Ambiente	Estável	Instável
Homogêneo	Ambiente homogêneo e estável	Ambiente homogêneo e instável
Heterogêneo	Ambiente heterogêneo e estável	Ambiente heterogêneo e instável

Figura 1.13 Tipologia de ambientes de tarefa.

De acordo com a Figura 1.13, os quatro quadrantes podem ser assim explicados:[34]

1. **Ambiente homogêneo e estável**: é simples e previsível. Nesse tipo de ambiente de tarefa, as organizações adotam uma estrutura organizacional simples, pouco diferenciada, isto é, com poucos departamentos para defrontar-se com agentes ambientais envolvidos (clientes, fornecedores, concorrentes) homogêneos e não diferenciados. Ao mesmo tempo, as organizações podem adotar um modelo burocrático e rígido para tratar todos os agentes ambientais de maneira rotineira, padronizada, repetitiva e conservadora e abordar os eventos ambientais estáveis e pouco sujeitos a mudança.

2. **Ambiente heterogêneo e estável**: é complexo e previsível. Nesse tipo de ambiente de tarefa, as organizações adotam uma estrutura organizacional diferenciada com vários departamentos capazes de se defrontar cada qual com cada segmento ambiental específico envolvido (clientes, fornecedores, concorrentes), em face da heterogeneidade ambiental. Ao mesmo tempo, as organizações adotam um modelo burocrático e rígido para tratar todos os vários e diferentes agentes ambientais de maneira rotineira, repetitiva e conservadora e para abordar os eventos ambientais estáveis e pouco sujeitos a mudança.

3. **Ambiente homogêneo e instável**: é simples, porém imprevisível. Nesse tipo de ambiente de tarefa, as organizações adotam uma estrutura organizacional simples e pouco diferenciada, isto é, com poucos departamentos para defrontar-se com os agentes ambientais envolvidos homogêneos e não diferenciados.

4. **Ambiente heterogêneo e instável**: é o mais complicado e desafiante de todos, por ser complexo e imprevisível. Nesse tipo de ambiente de tarefa, as organizações precisam adotar uma estrutura organizacional diferenciada, com vários departamentos capazes de se defrontar com cada segmento ambiental específico envolvido, em face da heterogeneidade ambiental. Ao mesmo tempo, as organizações precisam adotar um modelo *adhocrático*[35] flexível e maleável para tratar os vários e diferentes agentes ambientais de maneira mutável, criativa e inovadora.

Administrar uma organização inserida em um ambiente de tarefa caracterizado no quadrante 1 é relativamente fácil: a rotina e a simplicidade fazem parte do jogo. Os quadrantes 2 e 3 envolvem desafios bem maiores. Mas administrar a organização nas condições do quadrante 4 é uma tarefa realmente complexa, desafiante e inovadora. E as pessoas precisam estar totalmente sintonizadas nesse contexto.

Quadro 1.9 Organizações mecanísticas e organizações orgânicas

Organizações mecanísticas	Organizações orgânicas
■ Estrutura burocrática com minuciosa divisão do trabalho	■ Estrutura flexível sem muita divisão do trabalho
■ Cargos ocupados por especialistas com atribuições definitivas e delimitadas	■ Cargos modificados e redefinidos por interação com pessoas que realizam a tarefa
■ Hierarquia de autoridade rígida, prevalecendo a unidade de comando	■ Descentralização das decisões, delegadas aos níveis inferiores da empresa
■ Sistemas de comunicações formalizadas, prevalecendo as verticais descendentes	■ Hierarquia flexível, predominando e equalização de poder e a democratização
■ Ênfase nas regras e procedimentos formalizados previamente por escrito	■ Maior confiabilidade nas comunicações informais entre as pessoas
■ Sistemas de controle baseados na supervisão de amplitude de controle estreita	■ Predomínio da interação lateral sobre a interação vertical
■ Trabalho individualizado e solitário	■ Trabalho coletivo e em equipes
■ Modelo burocrático e rígido	■ Modelo *adhocrático* e flexível
■ Princípios da teoria clássica e da teoria da burocracia	■ Princípios da teoria de sistemas e da teoria da contingência

O que está acontecendo neste mundo de negócios em acelerada mudança e transformação é que as organizações estão se enquadrando rapidamente no quadrante 4. Ao caminharem para esse quadrante, as organizações deixam de lado suas tradicionais características mecanísticas e assumem gradativamente características orgânicas para sobreviver e crescer no novo contexto ambiental. Isso requer talentos e competências. E agora, em um mundo exponencial de negócios, imagine o que está acontecendo.

VOLTANDO AO CASO INTRODUTÓRIO

A Nova Organização da Masterpiece

Em reunião da diretoria, o diretor de GH falou sobre as competências essenciais que a companhia deveria possuir para ser bem-sucedida. Dizia ele que produtos como *commodities* podem ser copiados facilmente pelos concorrentes, mas as competências não. Como ele poderia identificar e explicar as competências essenciais da empresa?

Aumente seus conhecimentos sobre **A energia que impulsiona o sistema** na seção *Saiba mais* ARH 1.11

Eficiência = **como** as coisas são feitas. De que maneira elas são executadas.
Eficácia = **para que** as coisas são feitas. Quais resultados elas trazem. Quais objetivos elas alcançam.

Figura 1.14 Relações entre eficiência e eficácia.

Alguns teóricos passaram a sugerir medidas da eficácia administrativa em termos de utilização dos ativos humanos. Entre outros, Argyris,[36] Bennis,[37] Etzioni,[38] Likert,[39] Georgopoulos, Mahoney e Jones,[40] McGregor[41] e Selznick[42] reforçaram este ponto de vista. Likert critica as medidas tradicionais da eficácia administrativa: "Todas as medidas de resultado final fornecem dados de fatos consumados como aferições de produção, gastos de material, custos, lucros e todos os demais dados da área financeira. Essas aferições são valiosas; mas, não obstante, seu poder previsor é bastante limitado. Em geral, as aferições dos resultados só servem para trancar a porta depois de efetuado o roubo das joias."[43] Likert considera como variáveis intervenientes que conduzem à eficácia administrativa alguns fatores como qualidade da organização humana, nível de confiança e interesse, motivação, lealdade, desempenho e capacidade de a organização comunicar abertamente, interagindo efetivamente e alcançando decisões adequadas. Essas variáveis refletem o estado interno e a saúde da organização.[44]

Negandhi[45] salienta que a sobrevivência e o crescimento da organização como negócio dependem de sua força financeira ou econômica: alguns dados como lucro, custo por unidade, vendas são indicadores da força financeira da firma. Mas essas saídas são apenas resultados da ação administrativa, e os administradores podem sobrecarregar a organização drenando seus potenciais de longo prazo, para impeli-la a alcançar altos lucros e vendas elevadas no curto prazo. Assim, é errado utilizar apenas índices econômicos para medir a eficácia administrativa. Tornam-se necessários outros critérios para avaliar adequadamente a eficácia administrativa.

 SAIBA MAIS   **Sobre medidas de eficácia administrativa**

Negandhi sugere as seguintes medidas de eficácia administrativa:[46]
1. Capacidade da administração em atrair uma força de trabalho adequada.
2. Moral dos funcionários e satisfação no trabalho em níveis elevados.

3. Rotação de pessoal e absenteísmo em níveis baixos.
4. Boas relações interpessoais e grupais.
5. Boas relações departamentais (entre os subsistemas).
6. Percepção a respeito dos objetivos globais da organização.
7. Utilização adequada da força de trabalho de alto nível.
8. Eficácia organizacional em adaptar-se continuamente ao ambiente externo.

E acrescentamos:

9. Agregação de valor ao negócio e ao *stakeholder*.
10. Competitividade em relação aos concorrentes.
11. Sustentabilidade dos pontos de vista financeiro, social e ecológico.

A eficácia administrativa leva à eficácia organizacional. Esta é alcançada quando se reúnem três condições essenciais:

1. Alcance de objetivos organizacionais.
2. Manutenção do sistema interno.
3. Adaptação ao ambiente externo.

Para que a organização alcance eficácia, ela deve atender a essas três condições essenciais simultaneamente. Mas o alcance da eficácia esbarra na complexidade dos requisitos que a organização como sistema aberto possui. A eficácia e o sucesso organizacional constituem um problema complexo em virtude de suas múltiplas relações com seus parceiros. A eficácia significa a satisfação dos *stakeholders* da organização.

Figura 1.15 Ramificações do sucesso organizacional.

1.9.5 Medidas de eficácia organizacional

A eficácia organizacional é um conceito abrangente e complexo em virtude de suas múltiplas relações com seus parceiros. Há um complexo de interesses e satisfações em jogo, muitos deles conflitantes e até certo ponto antagônicos. Assim, a tarefa da administração é manter equilíbrio entre esses componentes.

Os principais indicadores ou métricas de eficácia organizacional são:

1. **Produção**: representa a capacidade de produzir a quantidade e qualidade de saídas organizacionais exigidas pelo ambiente. Está relacionada com as saídas consumidas pelos clientes da organização e não inclui qualquer consideração de eficiência. Indicadores de produção incluem lucro, vendas, participação no mercado, atendimento de clientes, satisfação de necessidades da sociedade, cura de pacientes, graduação de estudantes etc.

2. **Eficiência**: indica a relação entre saídas e entradas. É um indicador expresso em termos de percentagens ou índices de custo/benefício, custo/produto ou custo/tempo. É um critério de curto prazo relacionado com o ciclo completo de entrada-processo-saída. Enfatiza o elemento entrada e o elemento processo. Os indicadores de eficiência incluem a taxa de retorno sobre o capital ou sobre os ativos, custo unitário, custo por produto, custo por cliente, taxas de ocupação, tempo de parada, índice de desperdício. A eficiência entra aqui como elemento que predispõe à eficácia.

3. **Satisfação**: a organização é um sistema social que deve dar atenção aos benefícios concedidos aos seus parceiros – funcionários, clientes, fornecedores e prestadores de serviços. A organização satisfaz demandas do ambiente por meio da responsabilidade social, ética, voluntarismo etc. Os indicadores de satisfação incluem atitudes dos funcionários, rotatividade, absenteísmo, queixas e reclamações, satisfação do cliente etc.

4. **Adaptabilidade**: é o mecanismo pelo qual a organização responde às mudanças induzidas externa e internamente. É o tempo de reação e de resposta da organização às mudanças ambientais. Esse critério refere-se à capacidade da administração de perceber as mudanças tanto no ambiente como na própria organização. Problemas nos indicadores de produção, eficiência e satisfação podem ser sinais para a mudança de práticas ou políticas. Também o ambiente pode estar pedindo resultados diferentes ou estar fornecendo entradas diferentes, e isso exige mudanças. Se a organização não se adapta adequadamente, sua sobrevivência corre perigo. Não há medidas específicas e concretas de adaptabilidade. Elas são dadas por respostas a questionários. Mas a administração pode implantar medidas que encorajam o senso de prontidão para mudança.

5. **Desenvolvimento**: a organização deve investir em si mesma para incrementar seu desenvolvimento e capacidade de realização. O desenvolvimento está relacionado com o aumento da riqueza organizacional: seus ativos tangíveis e intangíveis. Os esforços de desenvolvimento estão relacionados com programas de treinamento e de desenvolvimento de pessoal, incluindo várias abordagens psicológicas e sociológicas. O Desenvolvimento Organizacional (DO), que veremos adiante, é um exemplo. Os modernos conceitos de aprendizagem organizacional funcionam para aumentar a capacidade de aprendizado e inovação para garantir o desenvolvimento e, consequentemente, o aumento de produção, eficiência, satisfação, adaptabilidade e sobrevivência.

6. **Competitividade**: a organização deve criar valor e riqueza e desenvolver vantagens competitivas para competir em relação aos concorrentes.
7. **Sustentabilidade**: toda organização precisa investir em si mesma para aumentar sua capacidade de sobrevivência no longo prazo. A sobrevivência depende de todos os critérios acima enumerados para se tornar autossustentável e durar.

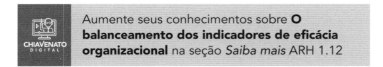

Figura 1.16 Indicadores de eficácia organizacional.

É claro que todos esses indicadores dependem do fator humano na organização.

> Aumente seus conhecimentos sobre **o balanceamento dos indicadores de eficácia organizacional** na seção *Saiba mais* ARH 1.12

1.10 CAPITAL HUMANO E CAPITAL INTELECTUAL

Em todo o decorrer da Era Industrial, as organizações bem-sucedidas eram aquelas que aumentavam o capital financeiro – traduzido em edifícios, fábricas, máquinas, equipamentos, investimentos financeiros – e o faziam crescer e se expandir. O retrato do sucesso organizacional era representado pelo tamanho da organização e suas instalações físicas, pelo patrimônio contábil e, sobretudo, pela riqueza financeira. As organizações procuravam acumular ativos tangíveis, físicos e concretos como base de seu sucesso e de sua força e poder no mercado. A acumulação de recursos – financeiros e materiais – era um dos objetivos organizacionais mais importantes. Isso já se foi. Hoje, as organizações bem-sucedidas são extremamente ágeis e inovadoras e, por esta razão, independem do seu porte ou tamanho. Em outras palavras, ser uma grande organização não significa hoje ser uma organização bem-sucedida. Existem organizações pequenas que alcançam enorme sucesso e proporcionam retornos maiores do que organizações maiores. Qual é a razão? Simples. Ela se chama inovação. É a capacidade de uma organização produzir produtos e serviços criativos e inovadores que transformam os demais produtos e serviços em coisas obsoletas e ultrapassadas. É a capacidade de uma organização se antecipar às demais organizações e conquistar clientes e consumidores antes delas, oferecendo-lhes satisfações maiores pelas suas compras.

Na Era da Informação, o capital financeiro está deixando de ser o recurso mais importante da organização. Outros ativos intangíveis e invisíveis estão assumindo rapidamente o seu lugar e relegando-o a um plano secundário. Estamos nos referindo ao capital intelectual. O capital intelectual da organização é constituído de ativos intangíveis, como:[47]

1. **Capital interno**: envolve a estrutura interna da organização, conceitos, modelos e sistemas administrativos e de computação. A estrutura interna e as pessoas constituem juntas o que geralmente chamamos de organização. Além disso, a cultura ou o espírito organizacional também faz parte integrante dessa estrutura interna.

2. **Capital externo**: envolve a estrutura externa da organização, ou seja, as relações com clientes e fornecedores, bem como marcas, marcas registradas, patentes e a reputação ou imagem da empresa. O valor desses ativos é determinado pelo grau de satisfatoriedade com que a empresa soluciona os problemas de seus clientes.

3. **Capital humano**: é o capital de gente, de talentos e de competências. A competência de uma pessoa envolve a capacidade de agir em diversas situações, tanto para criar ativos tangíveis como intangíveis. Não basta ter pessoas. Torna-se necessária uma plataforma que sirva de base e um clima que impulsione as pessoas e utilize os talentos existentes. Assim, o capital humano é basicamente constituído de talentos e competências das pessoas. Sua plena utilização requer uma estrutura organizacional adequada e uma cultura democrática e impulsionadora.

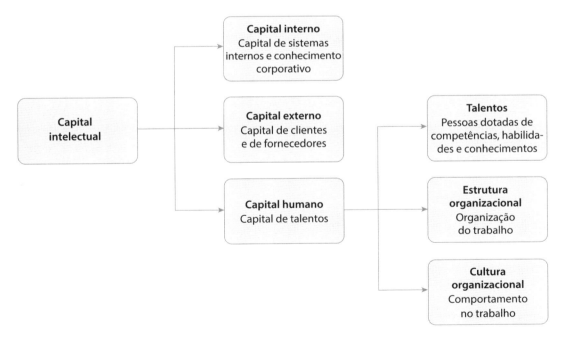

Figura 1.17 Desdobramentos do capital intelectual[48]

Assim, organização, clientes e pessoas constituem o tripé do capital intelectual. O conhecimento é fundamental nesse jogo. Enquanto o capital físico se deprecia com o uso, o conhecimento se valoriza cada vez mais. O cabedal de conhecimentos de uma pessoa não diminui se ela o compartilha com os outros.

> **SAIBA MAIS — Sobre a perspectiva do capital intelectual**
>
> A perspectiva do capital intelectual mostra que:
> 1. Para reterem e desenvolverem o conhecimento, as organizações devem oferecer um trabalho desafiante que agregue experiências e conhecimentos às pessoas.
> 2. O conhecimento proporcionado pelos seus funcionários constitui a riqueza mais importante das organizações.
> 3. As organizações precisam desenvolver estratégias claras de GH para poderem conquistar, reter e motivar seus funcionários.
> 4. Os funcionários que detêm o conhecimento são os principais contribuintes para o sucesso da organização.
> 5. As organizações precisam transformar-se rapidamente em organizações de aprendizagem para poderem aplicar adequadamente o conhecimento.
> 6. Para serem bem-sucedidas na Era da Informação, as organizações devem adotar a perspectiva do conhecimento e investir pesadamente nele.

Para incrementarem seu capital intelectual, as organizações estão se transformando em verdadeiras organizações do conhecimento ou agências de conhecimento e de aprendizado. Qual é o motivo? Simples. Transformar e converter a informação em conhecimento utilizando suas próprias competências e tornar o conhecimento rentável por meio de sua conversão em soluções, novos produtos, serviços, processos internos e, principalmente, em criatividade e inovação. O ambiente em que as pessoas irão trabalhar no futuro já foi descrito exaustivamente por muitos autores. Alguns lhe dão o nome de terceira onda,[49] sociedade da informação,[50] sociedade do conhecimento[51] ou era pós-capitalista.[52] Será possivelmente a era virtual[53] ou a era do conhecimento[54] caracterizada pela máquina inteligente[55] e pela irracionalidade.[56] De qualquer forma, o conhecimento constitui hoje o recurso produtivo mais importante das organizações e a tendência é que se torne cada vez mais importante para o sucesso organizacional.

Boa parte do capital intelectual é representada pelo capital humano. O capital humano é constituído das pessoas que fazem parte de uma organização. Capital humano significa talentos que levam adiante uma organização rumo ao seu sucesso e precisam ser carinhosamente mantidos e desenvolvidos. Mais do que isso, capital humano significa capital intelectual, um capital invisível composto de ativos intangíveis. A contabilidade tradicional, preocupada basicamente com ativos tangíveis e físicos, está às voltas com um fenômeno inesperado: o valor de mercado das organizações não depende mais apenas do seu valor patrimonial físico, mas principalmente do seu capital intelectual. Na Era da Informação, o conhecimento organizacional está se transformando no recurso mais importante das empresas. Uma riqueza muito mais importante e crucial do que o dinheiro. E que precisa ser gerida com todo carinho.

TENDÊNCIAS EM GH

A nova riqueza do século 21

Gradativamente, o capital financeiro – que predominou na Era Industrial – está cedendo lugar para o capital intelectual como a base fundamental das operações empresariais. Em um mundo em que os tradicionais fatores de produção – natureza, capital e trabalho – já esgotaram e exauriram sua contribuição para os negócios, as empresas estão investindo pesadamente no capital intelectual para aumentar sua vantagem competitiva. Criatividade e inovação por meio de ideias. E ideias provêm do conhecimento. E o conhecimento está na cabeça das pessoas. O fato é que as empresas bem-sucedidas estão transformando-se em organizações educadoras e em organizações do conhecimento, nas quais a aprendizagem organizacional é incrementada e desenvolvida por meio de processos inteligentes de gestão do conhecimento. Nessas empresas, a GH está totalmente comprometida em incrementar o capital intelectual e em aplicá-lo cada vez mais intensamente.

RESUMO

As pessoas e as organizações estão engajadas em uma complexa e incessante interação; as pessoas passam a maior parte de seu tempo nas organizações, das quais dependem para viver, e as organizações são constituídas de pessoas, sem as quais não poderiam existir. Sem as pessoas e sem as organizações, não haveria a área de RH, ou, como preferimos, Gestão Humana (GH).

Uma organização somente existe quando se juntam duas ou mais pessoas que pretendem cooperar entre si, a fim de alcançarem objetivos comuns, que a iniciativa individual somente não permitiria alcançar. Há uma variedade enorme de organizações: empresas industriais, empresas prestadoras de serviços, bancos, financeiras, universidades e escolas, exércitos, instituições governamentais, hospitais, igrejas etc. As organizações podem ser estudadas e analisadas segundo o modelo de sistema aberto: elas importam, transformam e exportam energia, dentro de ciclos recorrentes de atividades. As organizações podem também ser analisadas segundo o modelo sociotécnico: elas são compostas de um sistema técnico e de um sistema social que se entrelaçam intimamente, administrados por um sistema gerencial. Ao estabelecerem seus objetivos, as empresas definem sua racionalidade. Com isso, elas desenvolvem estratégias para alcançar os objetivos. Como sistemas abertos, as organizações mantêm íntimo intercâmbio com o ambiente e a interdependência da organização com seu ambiente conduz ao conceito de eficácia organizacional. A eficácia organizacional depende do alcance dos objetivos, da manutenção do sistema interno (pessoas e recursos não humanos) e da adaptação ao ambiente externo. Daí, a importância do papel da área de GH na vida das organizações.

TÓPICOS PRINCIPAIS

Ambiente	Sistema	Sistema aberto
Organização	Organizações complexas	Sistema sociotécnico
Entropia	Entropia negativa	Negentropia
Estado firme	Homeostasia	Competição
Cooperação	Coalizão	Ajuste
Diferenciação	Eficiência	Eficácia
Equifinalidade		

QUESTÕES PARA DISCUSSÃO

1. Por que é importante o estudo da interação entre pessoas e organizações para a área de Gestão Humana?
2. Explique o conceito de organizações.
3. Quais são as principais características das organizações complexas?
4. Explique o conceito de sistema.
5. Quais são as diferenças entre um sistema aberto e um sistema fechado?
6. O que é entropia negativa?
7. O que é equifinalidade?
8. Quais são as características da organização segundo a abordagem de Katz e Kahn?
9. Explique a organização segundo o modelo sociotécnico.
10. Quais são as estratégias cooperativas e competitivas da organização em relação ao ambiente?
11. Explique a eficácia organizacional e qual o papel da área de GH no seu alcance?
12. Apresente os principais indicadores de eficácia organizacional.
13. Conceitue capital intelectual.

REFERÊNCIAS

1   BARNARD, C. I. *As funções do executivo.* São Paulo: Atlas, 1971.

2   BOULDING, K. E. *The organizational revolution.* Chicago: Quadrangle, 1968. p 3-32.

3   ARGYRIS, C. *A integração indivíduo-organização.* São Paulo: Atlas, 1975. p. 23.

4   DRUCKER, P. F. *Uma era da descontinuidade*: administrando em tempos de grandes mudanças. São Paulo: Pioneira, 1995. *Vide* também: DRUCKER, P. F. *Sociedade capitalista.* São Paulo: Pioneira, 1993.

5   CHIAVENATO, I. *Comportamento organizacional*: a dinâmica do sucesso das organizações. 4. ed. São Paulo: Atlas, 2021. p. 31.

6 HAMEL, G.; PRAHALAD, C. K. *The core competence of corporation*. Boston: *Harvard Business Review*, 68 (may-june) 1990. p. 79-91.

7 HAMEL, G.; PRAHALAD, C. K. *The core competence of corporation*, *op. cit.*, p. 79-91.

8 Entropia é a segunda lei da termodinâmica aplicável aos sistemas físicos. Significa a tendência que o sistema fechado tem para mover-se em direção a um estado caótico e de desintegração total, em que perde todo o seu potencial para a transformação de energia ou trabalho.

9 MILLER, E. J.; RICE, A. K. System of an organization. *Management Review*, p. 80, July 1957.

10 LEWIN, K. *A dynamic theory of personality*. New York: McGraw-Hill, 1935.

11 BERTALANFFY, L. Von. *Teoria geral dos sistemas*. Petrópolis: Vozes, 1976.

12 LEWIN, K. *A dynamic theory of personality*, *op. cit.*

13 É o chamado Modelo de Tavistock. Entre seus autores: RICE, A. K. *The enterprise and its environments*: Londres, Tavistock, 1963; EMERY, F. E.; TRIST, E. L. Social-technical systems. *In*: CHURCHMAN, C. W.; VERHULST, M. (orgs.). *Management sciences*: models and techniques. New York: Pergamon, 1960. KATZ, E.; ROSENZWEIG, J. E. *Organization and management*: a systems approach. New York: McGraw-Hill, 1970.

14 KINGDON, D. R. *Matrix organization*: managing information technologies. Londres: Tavistock, 1973. p. 95.

15 CHIAVENATO, I. *Administração*: teoria, processo e prática. Barueri: Manole, 2015.

16 CHIAVENATO, I. *Gerenciando pessoas*: como transformar gerentes em gestores de pessoas. Barueri: Manole, 2015. p. 50.

17 Adaptado de: HICKS, H. G.; GULLETT, C. R. *Organizations*: theory and behavior. Tóquio: McGraw-Hill Kogakusha, 1975. p. 45.

18 HICKS, H.; GULLETT, C. R. *Organizations*: theory and behavior, *op. cit.*, p. 45.

19 FROOMAN, J. Stakeholder influence strategies. *Academy of Management Review*, v. 24, p. 191-205, 1999.

20 JONES, T. M.; WICKS, A. C. Convergent stakeholder theory. *Academy of Management Review*, v. 24, p. 206-221, 1999.

21 CHIAVENATO, I.; SAPIRO, A. *Planejamento estratégico*: da intenção ao resultado. 4. ed. São Paulo: Atlas, 2020.

22 KOTLER, P. *Marketing*: edição compacta. São Paulo: Atlas, 1980. p. 83..

23 DRUCKER, P. F. *Prática de administração de empresas*. Rio de Janeiro: Fundo de Cultura, 1962..

24 CHIAVENATO, I.; SAPIRO, A. *Planejamento estratégico*, *op. cit.*, Cap. 3.

25 ETZIONI, A. *Organizações modernas*. São Paulo: Pioneira, 1967. p. 13-35.

26 CHIAVENATO, I. *Introdução à teoria geral da administração*. 10. ed. São Paulo: Atlas, 2021.

27 Adaptado de: REDDIN, W. J. *Administração por objetivos*: o método 3D. São Paulo: Atlas, 1978. p. 22, 43 e 79.

28 CHIAVENATO, I. *Administração*: teoria, processo e prática. Barueri: Manole, 2014. p. 109.

29 CHIAVENATO, I. *Introdução à teoria geral da administração*, *op. cit.*, p. 297-298.

30 CHIAVENATO, I. *Introdução à teoria geral da administração*, *op. cit.*

31 CHIAVENATO, I. *Administração de empresas*: uma abordagem contingencial. São Paulo: Makron Books/Pearson, 1995. p. 93.

32 CHIAVENATO, I. *Introdução à teoria geral da administração*, *op. cit.*

33 CHIAVENATO, I. *Introdução à teoria geral da administração, op. cit.*

34 CHIAVENATO, I. *Introdução à teoria geral da administração, op. cit.*

35 *Adhocracia* é uma organização onde predomina o *ad hoc* (aqui e agora). Trata-se de uma organização eminentemente flexível, adaptável e orgânica. Na realidade, é a antítese da burocracia. É o avesso da organização rotineira e conservadora. Apresenta pouca divisão do trabalho: em vez de órgãos especializados em funções (estrutura departamentalizada e funcional), a organização se baseia em equipes autônomas e multifuncionais e não em departamentos ou órgão estáveis e definitivos. A ênfase é colocada nas pessoas e não nos órgãos ou na hierarquia. Apresenta equalização do poder, isto é, poucos níveis hierárquicos. A autoridade do conhecimento é mais importante que a autoridade hierárquica. A organização funciona na base da comunicação lateral intensiva e não nas linhas verticais ou no comando hierárquico ou na supervisão única. As regras e os regulamentos burocráticos são totalmente substituídos pela confiança recíproca e pelas relações interpessoais. O trabalho individual é substituído pela atividade grupal e em equipe. A postura é voltada para a inovação e mudança e não para a conservação do *status quo* e do passado. A organização é orgânica, fluida e volátil, totalmente voltada para o futuro e não somente para seu presente. Os produtos e serviços mudam, os processos de produção mudam, os clientes mudam, os fornecedores mudam, o ambiente muda. Tudo muda intensivamente, e a organização adhocrática precisa sintonizar-se rapidamente com essas mudanças e, se possível, antecipar-se a elas proativamente.

36 ARGYRIS, C. A *Integração indivíduo-organização*. São Paulo: Atlas, 1975.

37 BENNIS, W. G. *Changing organization*: essays on the development and evaluation of human organization. New York: McGraw-Hill, 1966.

38 ETZIONI, A. *Two approaches to organization analysis*: a critique and a sugestion, administrative. *Science Quarterly*, n. 5, p. 257-258, 1960.

39 LIKERT, R. *A organização humana*. São Paulo: Atlas, 1975.

40 GEORGOPOULOS, B. S.; MAHONEY, G. M.; JONES, N. W. A Path-Goal Approach to Productivity, *Journal of Applied Psychology*, n. 41, p. 345-353, 1957.

41 McGREGOR, D. M.; O lado humano da empresa. *In*: BALCÃO, Y. F.; CORDEIRO, L. L. *O comportamento humano na empresa*. Rio de Janeiro: Fundação Getulio Vargas, Inst. Documentação, 1971. p. 45-60.

42 SELZNICK, P. Foundations of the theory of organizations. *American Sociological Review*, n. 13, p. 25-35, 1948.

43 LIKERT, R. *A organização humana, op. cit.* p. 124.

44 LIKERT, R. *A organização humana, op. cit.*, p. 44.

45 NEGANDHI, A. R.; A model for analysing organizations in cross-cultural settings. *In*: NEGHANDI, A. R. (org.). *Modern organization theory*: contextual environmental, and socio-cultural variables. Center for Business and Economic Research, The Kent State University Press, 1973. p. 298-299.

46 NEGANDHI, A. R. *A model for analysing organizations in cross-cultural settings*. p. 299.

47 SVEIBY, K. E. *A nova riqueza das organizações*: gerenciando e avaliando patrimônios de Conhecimento. Rio de Janeiro: Campus, 1998. p. 11-12.

48 CHIAVENATO, I. *Coaching & mentoring*: construção de talentos. 4. ed. São Paulo: Atlas, 2021.

49 TOFFLER, A. *The third wave*. New York: Morrow, 1980.

50 MASUDA, Y. *The information society as post-industrial society*. Tóquio: Institute for the Information Society, 1980.

51 MASUDA, Y. *The information society as post-industrial society, op. cit.* 1980. *Vide* também: NAISBITT, J. *Megatendências*: as dez grandes transformações ocorrendo na sociedade moderna. São Paulo: Abril/ Círculo do Livro, 1982.

Capítulo 1 – As organizações   43

52 DRUCKER, P. F. *Sociedade pós-capitalista*. São Paulo: Pioneira, 1993.

53 RHEINGOLD, H. *The virtual community*: homesteading on the electronic frontier. Reading: Addison-Wesley, 1993.

54 SAVAGE. C. *Fifth generation management*: co-creating through virtual enterprising, dynamic teaming, and knowledge networkin. Boston: Butterworth-Heinemann, 1996.

55 ZUBOFF, S. *In the age of the smart machine*: the future of work and power. New York: Basic Books, 1988.

56 HANDY, C. B. *The age of unreason*. Boston: Harvard Business School Press, 1989..

2 AS PESSOAS

OBJETIVOS DE APRENDIZAGEM

- Mostrar a importância das pessoas no sucesso organizacional.
- Entender as diferenças individuais, a cognição e a percepção humanas.
- Conhecer as diferentes abordagens à motivação humana.
- Compreender a influência do processo de comunicação no comportamento humano.

O QUE VEREMOS ADIANTE

- Variabilidade humana.
- Cognição humana.
- A complexa natureza do homem.
- Motivação humana.
- Comunicação.
- Comportamento humano nas organizações.
- Capital humano.

CASO INTRODUTÓRIO
A Matrix

Cláudia Sanchez pretende mudar radicalmente o relacionamento da empresa com seus funcionários. Como presidente da companhia, Cláudia está reconfigurando sua estrutura organizacional para tornar a empresa mais ágil, dinâmica e competitiva. Para acompanhar essa transformação, ela quer mudar a atitude das pessoas com relação à empresa. Isso implica mudar os papéis desempenhados por elas. Se você fosse a presidente, como apresentaria suas ideias à diretoria da empresa?

INTRODUÇÃO

Vivemos em um mundo de organizações. Mas as organizações ainda não funcionam por si mesmas. Elas dependem de pessoas para planejá-las, organizá-las, dirigi-las e controlá-las e para fazê-las operar e funcionar para terem sucesso e sustentabilidade. Ainda não há organização sem pessoas. Toda organização é constituída de pessoas e delas depende para o seu sucesso e continuidade. O estudo das pessoas constitui a unidade básica para compreender as organizações e, principalmente, a área de Gestão Humana (GH). Sem organizações e sem pessoas não haveria GH. A área de GH tem duas diferentes vertentes para considerar as pessoas: pessoas como pessoas (dotadas de características próprias de personalidade e individualidade, aspirações, valores, atitudes, motivações e objetivos individuais) e pessoas como recursos (dotadas de habilidades, capacidades, destrezas, conhecimentos e competências necessários para a tarefa organizacional).

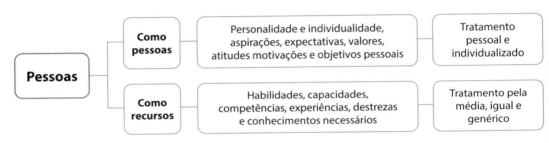

Figura 2.1 Pessoas como pessoas e pessoas como recursos.

A área de GH deve procurar tratar as pessoas como pessoas e não apenas como meros recursos organizacionais. Pessoas como pessoas e não simplesmente pessoas como recursos ou insumos. Há pouco tempo, as pessoas eram tratadas como objetos e como recursos produtivos – quase como se fossem máquinas, equipamentos de trabalho, como *commodities*, ou meros agentes passivos da administração. Percebeu-se que essa maneira bitolada, míope e retrógrada de visualizar as pessoas provocou forte ressentimento e muitos conflitos trabalhistas, além de um gradativo distanciamento e alheamento das pessoas em relação às suas tarefas na organização. Em consequência, sobrevieram problemas de qualidade e de produtividade, pois esses problemas eram encarados como se pertencessem à direção e à gerência exclusivamente e não às pessoas. E como a direção e a gerência constituem um pequeno percentual das pessoas que trabalham na organização, tais problemas eram questionados e resolvidos apenas por uma pequena minoria que tinha muitas outras coisas a fazer. Assim, muitos desses problemas foram adiados e passaram a reduzir a competitividade organizacional. Hoje, a tendência é fazer com que todas as pessoas, em todos os níveis da organização, sejam os gestores – e não simplesmente os executores – de suas tarefas. Além de executar as tarefas, cada pessoa precisa conscientizar-se de que ela deve ser o elemento de diagnóstico e de solução de problemas para obter melhoria contínua de seu trabalho dentro da organização. E é assim que crescem e se solidificam as organizações bem-sucedidas. Como afirmam Davenport & Pruzak, "as pessoas possuem habilidades, conhecimento, energia pessoal e tempo que lhes são próprios. Esses elementos criam capital humano – a moeda que as pessoas trazem para investir em suas atividades. São as pessoas e não as organizações que possuem este capital. São elas e não as organizações que decidem como e onde o aplicarão".[1] E são as pessoas – e somente elas – que levam uma organização para a frente.

> **TENDÊNCIAS EM GH**
>
> **Os fatores de produção na atualidade**
>
> Na Era Industrial, predominavam os tradicionais fatores de produção – natureza, capital e trabalho como mão de obra. No decorrer da Era da Informação, esses fatores estacionaram próximos da lei dos rendimentos decrescentes: todo investimento neles somente trará retornos gradativamente menores. As organizações bem-sucedidas estão investindo nas pessoas. Mais especificamente, em suas competências. Qual a razão disso? Os fatores críticos de sucesso não são mais o tamanho organizacional, a escala de produção e os custos baixos. Eles estão perdendo a importância e cedendo lugar para rapidez de resposta, agilidade, flexibilidade e inovação em produtos e serviços e atendimento ao consumidor. Como alcançar isso? Por meio das pessoas. E com a ajuda das modernas tecnologias.

2.1 VARIABILIDADE HUMANA

O homem é um animal social com uma irreprimível tendência à vida em sociedade. Ele vive em organizações e em ambientes cada vez mais complexos e dinâmicos. Assim, "organizações são pessoas, organizações são grupos; e organizações são organizações. Gestores gerem pessoas; gestores gerem grupos e gestores administram organizações. Gestores são pessoas; gestores são membros de grupos e gestores são membros de organizações".[2] Contudo, a variabilidade humana é enorme, cada pessoa é um fenômeno multidimensional, sujeito às influências de uma enormidade de variáveis internas e externas. O raio de diferenças em aptidões é extremamente grande e os padrões de comportamento aprendidos e incorporados são diversos. E é preciso tratar as pessoas como verdadeiros diretores ou clientes: de maneira especial e personalizada. Contudo, as organizações não dispõem ainda de tratamento de dados ou meios para compreender os seus membros em sua total integridade e complexidade, apesar do *big data* e das análises preditivas. As tecnologias emergentes deverão fazer diferença incrível nesse aspecto.

 Sobre a ênfase nas diferenças individuais das pessoas

Antigamente, o RH se caracterizava por definir políticas para tratar as pessoas de maneira genérica, uniforme e padronizada. Os processos de RH tratavam as pessoas como se todas elas fossem iguais e homogêneas e de maneira genérica. Hoje, as diferenças individuais estão em alta: e o RH, ou, como preferimos, a área de Gestão Humana, está enfatizando as diferenças individuais e a diversidade nas organizações. A razão é simples: quanto maior a diferenciação das pessoas, tanto maior seu potencial de criatividade e inovação. Se todas as pessoas fossem iguais, não haveria variação, nem criatividade e nem inovação. Tudo seria igual e sem qualquer mudança. Mas é o que a realidade nos mostra: mudanças e transformações não somente rápidas e profundas, mas exponenciais.

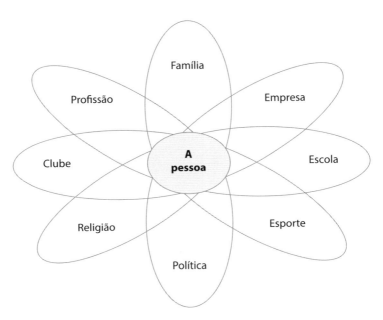

Figura 2.2 Superposição da participação multigrupal.[3]

Se as organizações são compostas de pessoas, o estudo das pessoas constitui a unidade básica para o estudo das organizações e principalmente da GH. As organizações alcançam seus objetivos por meio das pessoas. E se as organizações são compostas de pessoas e estas precisam engajar-se em organizações para alcançar os seus objetivos pessoais, nem sempre este casamento é fácil. Se as organizações são diferentes entre si, o mesmo ocorre com as pessoas. As diferenças individuais fazem com que cada pessoa tenha suas próprias características de personalidade, aspirações, valores, atitudes, motivações, competências etc. Cada pessoa é um fenômeno único e multidimensional sujeito às influências de uma enormidade de variáveis ao seu redor.

Quadro 2.1 Fatores internos e externos que influenciam o comportamento humano

Variáveis intervenientes	
Fatores internos	**Fatores externos**
■ Personalidade	■ Ambiente organizacional
■ Percepção	■ Cultura organizacional
■ Motivação	■ Políticas internas
■ Valores pessoais	■ Regras e regulamentos
■ Aprendizagem	■ Processos e métodos
■ Expectativas íntimas	■ Recompensas e punições

2.2 COGNIÇÃO HUMANA

Cognição é a maneira pela qual uma pessoa percebe e interpreta a si própria ou seu meio externo. A cognição constitui o filtro pessoal por meio do qual a pessoa se vê e sente e percebe o mundo que existe a seu redor. É a tomada de conhecimento que estabelece a crença e a opinião pessoal a respeito de si mesma ou do mundo exterior. Duas teorias são importantes para se compreender o comportamento das pessoas no âmbito dessa colocação: a teoria de campo de Lewin e a teoria da dissonância cognitiva de Festinger. Ambas sinalizam como a cognição humana funciona.

2.2.1 Teoria de campo de Lewin

A teoria de campo de Lewin assegura que o comportamento humano depende de dois fatores fundamentais:

1. O comportamento é derivado da totalidade dos fatos e eventos coexistentes em determinada situação. As pessoas comportam-se em face de uma situação total (*Gestalt*) envolvendo fatos e eventos que constituem seu ambiente.

2. Esses fatos e eventos apresentam características de um campo dinâmico de forças, no qual cada fato ou evento tem uma inter-relação dinâmica com os demais, influenciando-os ou sendo influenciado por eles. Esse campo dinâmico produz o chamado campo psicológico de cada pessoa, que é um padrão organizado das percepções de um indivíduo e que ajusta sua maneira de ver e perceber as coisas no ambiente ao seu redor.

O campo psicológico é o espaço de vida que contém a pessoa e o seu ambiente psicológico.[4] O ambiente psicológico ou comportamental é o que a pessoa percebe e interpreta a respeito de seu ambiente externo. É o meio ambiente relacionado com suas atuais necessidades. Objetos, pessoas ou situações podem adquirir valências no ambiente psicológico, determinando um campo dinâmico de forças psicológicas. A valência é positiva quando os objetos, as pessoas ou as situações podem ou prometem satisfazer às necessidades presentes do indivíduo e é negativa quando podem ou prometem ocasionar algum prejuízo ou dano. Objetos, pessoas ou situações carregados de valência positiva tendem a atrair o indivíduo, enquanto os de valência negativa tendem a causar-lhe repulsa ou fuga. A atração é a força ou vetor dirigido para o objeto, para a pessoa ou para a situação, enquanto a repulsa é a força ou vetor que o leva a afastar-se, tentando escapar do objeto, da pessoa ou da situação. Um vetor tende sempre a produzir uma "locomoção" em certa direção. Quando dois ou mais vetores atuam ao mesmo tempo sobre uma pessoa, a locomoção é uma espécie de resultante (ou momento) de forças. Algumas vezes, a locomoção produzida pelos vetores pode ser impedida ou completamente bloqueada por uma "barreira" (impedimento ou obstáculo). De modo geral, a locomoção pode ser de aproximação ou de fuga.

O modelo de comportamento humano, segundo a teoria de campo, pode ser representado esquematicamente pela equação:

$$C = f (P, M)$$

onde o comportamento (C) é resultado ou função (f) da interação entre a pessoa (P) e seu meio ambiente (M). A pessoa (P), nesta equação, é determinada pelas características genéticas e pelas características adquiridas pela aprendizagem mediante seu contato com o meio. A teoria de campo explica por que um mesmo objeto, situação ou pessoa podem ser percebidos e interpretados diferentemente por cada indivíduo.

2.2.2 Teoria da Dissonância Cognitiva

A Teoria da Dissonância Cognitiva de Festinger[5] baseia-se na premissa de que cada pessoa se esforça para estabelecer um estado de consonância ou consistência (coerência) entre ela e o contexto que a cerca. Se a pessoa tem cognições sobre si mesma e sobre seu ambiente externo que são inconsistentes entre si (isto é, uma cognição implica o oposto da outra), então ocorre um estado de dissonância cognitiva. A dissonância cognitiva é uma das principais fontes de inconsistência no comportamento. As pessoas não toleram essa inconsistência e, quando ela ocorre (por exemplo, quando um indivíduo acredita em uma coisa e, no entanto, age contrariamente a essa crença), o indivíduo está motivado para reduzir o conflito. A esse conflito ou inconsistência dá-se o nome de dissonância. O elemento cognitivo é uma espécie de crença, conhecimento ou opinião que o indivíduo tem em si mesmo ou do meio externo que o envolve. Esses elementos cognitivos podem estar relacionados de três maneiras: dissonante, consonante ou irrelevante. Assim:

1. **Relação dissonante**: quando o indivíduo acredita que fumar é nocivo, mas continua fumando (duas cognições em relação dissonante).
2. **Relação consonante**: quando acredita que fumar é nocivo e, então, deixa de fumar (duas cognições em relação consonante).
3. **Relação irrelevante**: quando considera o fumo nocivo e gosta de passear (elementos em uma relação irrelevante).

Quando ocorre uma relação dissonante, a pessoa sente-se mal e, para escapar do conflito íntimo, procura adotar uma das três alternativas a seguir:

1. Pode reduzi-la, mudando suas cognições pessoais para sintonizá-las ou adequá-las à realidade externa. A pessoa muda seu comportamento para reduzir a dissonância em relação à realidade externa.
2. Pode reduzi-la, tentando mudar a realidade externa e adaptá-la a suas cognições pessoais. A pessoa mantém suas convicções e tenta mudar o mundo ao redor para adequá-lo a elas.

3. Se não puder alterar suas cognições pessoais, nem a realidade externa, então a pessoa passa a conviver com o conflito íntimo da relação dissonante ou inconsistente.

A cognição permite um quadro de referências para a pessoa situar-se no mundo que a rodeia e entendê-lo adequadamente. A dissonância cognitiva decorre de situações que envolvem algum processo de decisão do indivíduo e o conflito resultante de cognições que não batem ou não concordam entre si. Na realidade, a vida de cada pessoa é uma incessante busca de redução de dissonâncias.

Dessas duas abordagens – a teoria de campo e a da dissonância cognitiva –, conclui-se que o comportamento das pessoas está mais baseado em suas percepções pessoais e subjetivas do que em fatos objetivos e concretos que existem na realidade que o envolve. Não é a realidade que conta, mas a maneira pessoal e individual de visualizá-la e interpretá-la. Assim, as pessoas se comportam não em relação à realidade propriamente dita, mas de acordo com a maneira pela qual a percebem e a sentem conforme suas cognições pessoais.

VOLTANDO AO CASO INTRODUTÓRIO
A Matrix

Cláudia Sanchez sabe que para mudar atitudes das pessoas é preciso que elas percebam e compreendam por que devem mudar. A Matrix quer deixar de ser simples empregadora para ser uma organização de aprendizagem e de oportunidades. Ela quer transformar as pessoas de empregados e trabalhadores em colaboradores e parceiros da empresa. Afinal, mudar comportamentos humanos não é tarefa fácil. Como Cláudia poderia concretizar seu plano?

2.3 A COMPLEXA NATUREZA DO SER HUMANO

Em função da teoria de campo e da teoria da dissonância cognitiva, surgem três enfoques ao estudo do comportamento das pessoas:[6]

1. **A pessoa como um ser transacional**: que não somente recebe insumos do ambiente e reage aos mesmos, mas também adota posição proativa, antecipando-se e, muitas vezes, provocando mudanças em seu ambiente.
2. **A pessoa com um comportamento dirigido para um objetivo**: o que significa dizer que ela é capaz de ter objetivos ou aspirações e de aplicar esforço no sentido de alcançá-los.
3. **A pessoa como um modelo de sistema aberto**: que é dirigido para objetivos, interdependentemente do meio físico e social e ativamente envolvida em transações com esse ambiente à medida que persegue seus objetivos. Isso exige que a pessoa desenvolva capacidades mentais de procedimentos – de perceber, imaginar, pensar, decidir etc. – e adquira informações e crenças que lhe permitam conhecer pessoas e coisas em seu meio ambiente e enfrentá-las. Assim, é importante conhecer as percepções das pessoas e como elas agem como um sistema de filtros por intermédio dos quais percebe e concebe a realidade ambiental que as envolve de uma maneira muito própria e particular.

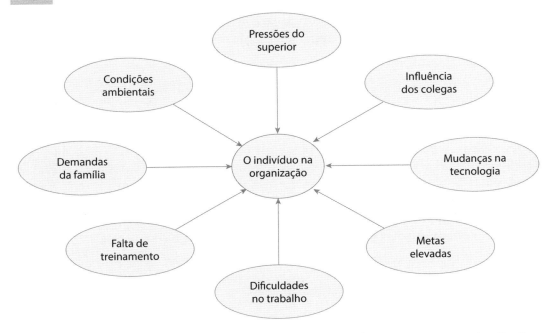

Figura 2.3 Fatores externos que afetam o comportamento das pessoas nas organizações.[7]

2.4 MOTIVAÇÃO HUMANA

Dentre os inúmeros fatores internos que influenciam o comportamento das pessoas, daremos especial atenção à motivação.

É difícil compreender o comportamento das pessoas sem um mínimo conhecimento da motivação de seu comportamento. E é difícil definir exatamente o conceito de motivação, uma vez que tem sido utilizado com diferentes sentidos. De modo geral, motivo é tudo aquilo que impulsiona a pessoa a agir de determinada forma ou, pelo menos, que dá origem a uma propensão a um comportamento específico.[8] Esse impulso à ação pode ser provocado por um estímulo externo (provindo do ambiente) e pode também ser gerado internamente nos processos mentais do indivíduo.

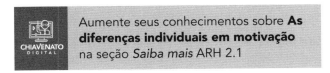

Nesse aspecto, a motivação está relacionada com o sistema de cognição* da pessoa. Krech, Crutchfield e Ballachey explicam que "os atos do ser humano são guiados por sua cognição – pelo que ele pensa, acredita e prevê. Mas, ao perguntar-se o motivo por que ele age daquela forma, está-se entrando na questão da motivação. A motivação funciona em termos de forças ativas e impulsionadoras, traduzidas por palavras como desejo e receio. A

---

* Cognição representa aquilo que as pessoas sabem sobre si mesmas e sobre o ambiente que as rodeia. O sistema cognitivo de cada pessoa envolve seus valores pessoais e é influenciado por seu ambiente físico e social, por sua estrutura fisiológica, por seus processos fisiológicos, por suas necessidades e por suas experiências anteriores.

pessoa deseja poder e deseja *status*, receia o ostracismo social e as ameaças à sua autoestima. Além disso, a motivação busca alcançar determinada meta ou objetivo, para cujo alcance o ser humano gasta suas energias".[9]

Nesse sentido, existem três premissas que explicam o comportamento humano:

1. **O comportamento é causado por estímulos internos ou externos**: existe uma causalidade do comportamento. Tanto a hereditariedade como o meio ambiente influem decisivamente no comportamento das pessoas.
2. **O comportamento é motivado**: ou seja, há uma finalidade em todo comportamento humano. O comportamento não é casual nem aleatório, mas sempre orientado e dirigido para algum objetivo.
3. **O comportamento é orientado para objetivos**: em todo comportamento existe sempre impulso, desejo, necessidade, tendência, expressões que servem para designar os motivos do comportamento.[10]

Se as suposições acima forem corretas, o comportamento não é espontâneo e nem isento de finalidade: sempre há um objetivo implícito ou explícito para explicá-lo adequadamente.

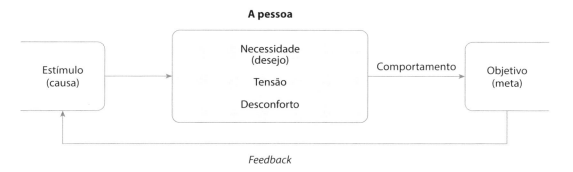

Figura 2.4 Modelo básico de motivação.[11]

Embora o modelo básico de motivação da Figura 2.4 seja o mesmo para todas as pessoas, o resultado pode variar indefinidamente pois depende da percepção do estímulo (que varia conforme a pessoa e na mesma pessoa conforme o tempo), das necessidades (que também variam conforme a pessoa) e da cognição de cada pessoa. A motivação das pessoas depende basicamente do conjunto dessas três variáveis.

2.4.1 Ciclo motivacional

O ciclo motivacional começa com o surgimento de uma necessidade. A necessidade é uma força dinâmica e persistente que provoca comportamento. Toda vez que surge uma necessidade, esta rompe o estado de equilíbrio do organismo, causando um estado de tensão, insatisfação desconforto e desequilíbrio. Esse estado leva o indivíduo a um comportamento, ou ação, capaz de descarregar a tensão ou de livrá-lo do desconforto e do desequilíbrio. Se o comportamento for eficaz, o indivíduo encontrará a satisfação da necessidade e, portanto, a descarga da tensão provocada por ela. Satisfeita a necessidade, o organismo volta ao estado de equilíbrio anterior, à sua forma de ajustamento ao ambiente. O ciclo motivacional está esquematizado na Figura 2.5.

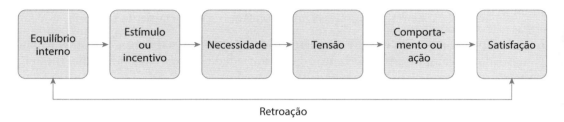

Figura 2.5 Etapas do ciclo motivacional envolvendo a satisfação da necessidade.

No ciclo motivacional da Figura 2.5 a necessidade é satisfeita. À medida que o ciclo se repete com a aprendizagem e a repetição (reforço), os comportamentos tornam-se gradativamente mais eficazes na satisfação de certas necessidades. Uma vez satisfeita, a necessidade deixa de ser motivadora de comportamento, já que não causa tensão ou desconforto.

No ciclo motivacional, contudo, a necessidade nem sempre pode ser satisfeita. Ela pode ser frustrada, ou ainda pode ser compensada (ou seja, transferida para outro objeto, pessoa ou situação). No caso de frustração da necessidade, no ciclo motivacional, a tensão provocada pelo surgimento da necessidade encontra uma barreira ou um obstáculo para sua liberação. Não encontrando saída normal, a tensão represada no organismo procura um meio indireto de saída, seja por via psicológica (agressividade, descontentamento, tensão emocional, apatia, indiferença etc.) seja por via fisiológica (tensão nervosa, insônia, repercussões cardíacas ou digestivas etc.).

Em outras ocasiões, a necessidade não é satisfeita nem frustrada, mas transferida ou compensada. Isso se dá quando a satisfação de outra necessidade reduz ou aplaca a intensidade de uma necessidade que não pode ser satisfeita, como indicamos na Figura 2.6. É o que acontece quando o motivo de uma promoção para um cargo superior é contornado por um bom aumento de salário ou por uma nova sala de trabalho.

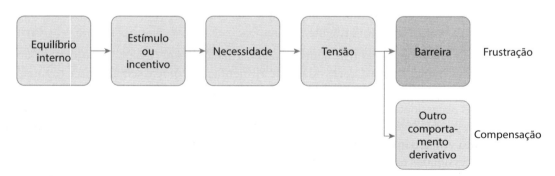

Figura 2.6 Etapas do ciclo motivacional com frustração ou compensação.

As teorias mais conhecidas sobre a motivação são relacionadas com as necessidades humanas. É o caso da teoria de Maslow sobre a hierarquia das necessidades humanas.

2.4.2 Hierarquia das necessidades segundo Maslow

As teorias das necessidades partem do princípio de que os motivos do comportamento humano residem no próprio indivíduo: sua motivação para agir e se comportar deriva de forças que existem dentro dele. Algumas dessas necessidades são conscientes, enquanto outras não. A teoria motivacional mais conhecida é a de Maslow e se baseia na hierarquia de necessidades humanas.[12]

Segundo Maslow, as necessidades humanas estão arranjadas em uma pirâmide de importância no comportamento humano. Na base da pirâmide estão as necessidades mais baixas e recorrentes – as chamadas necessidades primárias –, enquanto no topo estão as mais sofisticadas e intelectualizadas – as necessidades secundárias. A Figura 2.7 nos mostra um pouco desse arranjo hierárquico.

Figura 2.7 Hierarquia das necessidades humanas segundo Maslow.

1. **Necessidades fisiológicas**: constituem o nível mais baixo das necessidades humanas. São necessidades inatas, como a necessidade de alimentação (fome e sede), sono e repouso (cansaço), abrigo (contra o frio ou calor) ou desejo sexual (reprodução da espécie). São denominadas necessidades biológicas ou básicas e exigem satisfação cíclica e reiterada, a fim de garantir a sobrevivência do indivíduo. Orientam a vida humana desde o momento do nascimento. Aliás, o início da vida humana é uma contínua e constante busca da satisfação dessas necessidades elementares, mas inadiáveis. Elas monopolizam o comportamento do recém-nascido e predominam no adulto sobre as demais necessidades, enquanto não for alcançada sua satisfação. São relacionadas com a subsistência e existência do indivíduo. Embora comuns a todas as pessoas, elas requerem diferentes gradações individuais para sua satisfação. Sua principal característica é a premência: quando alguma dessas necessidades não está satisfeita, ela domina a direção do comportamento da pessoa.

2. **Necessidades de segurança:** constituem o segundo nível das necessidades humanas. Levam a pessoa a proteger-se de qualquer perigo real ou imaginário, físico ou abstrato. A busca de proteção contra a ameaça ou privação, fuga ao perigo, busca de um mundo ordenado e previsível são manifestações típicas dessas necessidades. Surgem no comportamento humano quando as necessidades fisiológicas estão relativamente satisfeitas. Como aquelas, também estão intimamente relacionadas com a sobrevivência da pessoa. Têm grande importância, uma vez que na vida organizacional as pessoas têm uma relação de dependência com a organização e ali as ações gerenciais arbitrárias ou as decisões inconsistentes e incoerentes podem provocar incerteza ou insegurança nas pessoas quanto à sua permanência no trabalho.

3. **Necessidades sociais:** são as necessidades relacionadas com a vida associativa do indivíduo junto a outras pessoas. São as necessidades de associação, participação, aceitação por parte dos colegas, troca de amizade, afeto e de amor. Surgem no comportamento quando as necessidades mais baixas (fisiológicas e de segurança) se encontram relativamente satisfeitas. Quando as necessidades sociais não estão suficientemente satisfeitas, a pessoa se torna resistente, antagônica e hostil com relação às pessoas que a cercam. A frustração dessas necessidades conduz à falta de adaptação social e à solidão. A necessidade de dar e receber afeto é importante ativadora do comportamento humano quando se utiliza a administração participativa.

4. **Necessidades de estima:** são as necessidades relacionadas com a maneira pela qual a pessoa se vê e se avalia, isto é, com autoavaliação e autoestima. Envolvem a autoapreciação, autoconfiança, necessidade de aprovação social, reconhecimento social, *status*, prestígio, reputação e consideração. A satisfação dessas necessidades conduz a sentimentos de autoconfiança, valor, força, prestígio, poder, capacidade e utilidade. Sua frustração pode produzir sentimentos de inferioridade, fraqueza, dependência e desamparo, os quais, por sua vez, podem levar ao desânimo ou a atividades compensatórias.

5. **Necessidades de autorrealização:** são as necessidades humanas mais elevadas e que se encontram no topo da hierarquia. Levam a pessoa a tentar realizar seu próprio potencial e se desenvolver continuamente como criatura humana ao longo de toda a vida. Essa tendência expressa-se por meio do impulso da pessoa em tornar-se mais do que é e de vir a ser tudo o que pode ser. As necessidades de autorrealização estão relacionadas com autonomia, independência, autocontrole, competência e plena realização daquilo que cada pessoa tem de potencial e de virtual, da utilização plena dos talentos individuais. Enquanto as quatro necessidades anteriores podem ser satisfeitas por recompensas externas (extrínsecas) à pessoa e que têm uma realidade concreta (como comida, dinheiro, amizades, elogios de outras pessoas), as necessidades de autorrealização somente podem ser satisfeitas por recompensas que são dadas intrinsecamente pelas pessoas a si próprias (como sentimento de realização) e não são observáveis nem controláveis por outros. Além disso, as demais necessidades, enquanto satisfeitas, não motivam o comportamento, mas a necessidade de autorrealização pode ser insaciável, no sentido de que quanto mais a pessoa obtém retornos que a satisfaçam, mais importante ela se torna e mais ainda a pessoa desejará satisfazê-la. Não importa quão satisfeita a pessoa esteja, pois ela quererá sempre mais.

Todas essas necessidades humanas estão dispostas em uma hierarquia, mostrada na Figura 2.8.

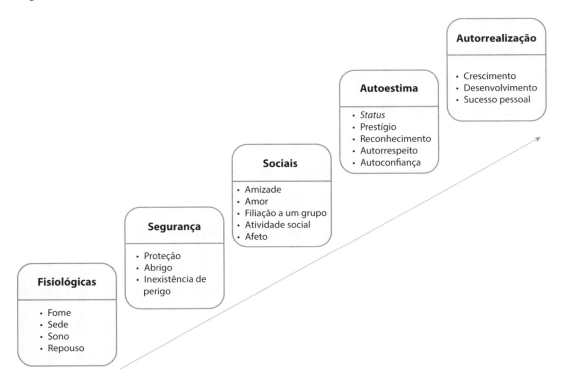

Figura 2.8 Hierarquia das necessidades humanas sob outro ângulo.

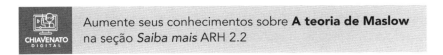

Aumente seus conhecimentos sobre **A teoria de Maslow** na seção *Saiba mais* ARH 2.2

A abordagem de Maslow – embora genérica e ampla – representa valioso modelo de atuação sobre o comportamento das pessoas e para a GH.

2.4.3 Teoria dos dois fatores de Herzberg

Enquanto Maslow fundamenta a sua teoria da motivação nas diferentes necessidades humanas (abordagem intraorientada), Herzberg[13] alicerça sua teoria no ambiente externo e no trabalho do indivíduo (abordagem extraorientada).

Para Herzberg, a motivação para trabalhar depende de dois fatores:[14]

a. **Fatores higiênicos:** referem-se às condições que rodeiam a pessoa enquanto trabalha, englobando as características físicas e ambientais de trabalho, o salário, os benefícios sociais, as políticas da empresa, o tipo de supervisão recebido, o clima de relações entre a direção e os empregados, os regulamentos internos, as oportunidades existentes etc.

Correspondem à perspectiva ambiental e constituem os fatores tradicionalmente utilizados pelas organizações para se obter motivação dos empregados. Contudo, os fatores higiênicos são muito limitados em sua capacidade de influenciar poderosamente o comportamento dos empregados. A palavra *higiene* serve exatamente para refletir seu caráter preventivo e profilático e para mostrar que se destinam simplesmente a evitar fontes de insatisfação do meio ambiente ou ameaças potenciais ao seu equilíbrio. Quando esses fatores higiênicos são ótimos, simplesmente evitam a insatisfação, uma vez que sua influência sobre o comportamento não consegue elevar substancial e duradouramente a satisfação. Porém, quando são precários, provocam insatisfação. Por isso, são chamados fatores insatisfacientes, que incluem:

- Condições de trabalho e conforto.
- Políticas da organização e administração.
- Relações com o supervisor.
- Competência técnica do supervisor.
- Salário e remuneração.
- Segurança no cargo.
- Relações com colegas.

Os fatores higiênicos constituem o contexto do cargo.

b. **Fatores motivacionais**: referem-se ao conteúdo do cargo, às tarefas e aos deveres relacionados com o cargo em si. Produzem efeito duradouro de satisfação e de aumento de produtividade em níveis de excelência, isto é, acima dos níveis normais. O termo *motivação* envolve sentimentos de realização, de crescimento e de reconhecimento profissional manifestados por meio do exercício das tarefas e atividades que oferecem desafio e significado para o trabalho. Quando os fatores motivacionais são ótimos, eles elevam a satisfação; quando estão precários, provocam ausência de satisfação. Por essa razão, são chamados fatores satisfacientes. Eles constituem o próprio conteúdo do cargo e incluem:

- Delegação de responsabilidade.
- Liberdade de decidir como executar o trabalho.
- Oportunidades de promoção.
- Uso pleno das habilidades pessoais.
- Estabelecimento de objetivos e avaliação relacionada com eles.
- Simplificação do cargo (pelo próprio ocupante).
- Ampliação ou enriquecimento do cargo (horizontal ou verticalmente).

Em essência, a teoria dos fatores afirma:[15]

1. A satisfação no cargo é função do conteúdo ou atividades desafiadoras e estimulantes do cargo: são os chamados fatores motivadores.
2. A insatisfação no cargo é função do ambiente, da supervisão, dos colegas e do contexto geral do cargo: são os chamados fatores higiênicos.

Figura 2.9 Teoria dos dois fatores: os satisfacientes e os insatisfacientes como dois contínuos separados.

Herzberg concluiu que os fatores responsáveis pela satisfação profissional são totalmente desligados e distintos dos fatores responsáveis pela insatisfação profissional: o oposto de satisfação profissional não seria a insatisfação, mas sim nenhuma satisfação profissional; e, da mesma maneira, o oposto de insatisfação profissional seria nenhuma insatisfação profissional, e não a satisfação.

Figura 2.10 Como funcionam os dois fatores de Herzberg.

Para introduzir constância e maior motivação no trabalho, Herzberg propõe o enriquecimento de tarefas (*job enrichment*), que consiste em deliberadamente ampliar os objetivos, a responsabilidade e o desafio das tarefas do cargo. Mais adiante, serão debatidos alguns aspectos do enriquecimento de tarefas ou enriquecimento do cargo.

> **SAIBA MAIS** — **Sobre fatores motivacionais ou satisfacientes**
>
> Na prática, a abordagem de Herzberg enfatiza os fatores motivacionais que tradicionalmente são negligenciados e desprezados pelas organizações nas tentativas para elevar a satisfação do pessoal e o seu desempenho. Até certo ponto, as conclusões de Herzberg coincidem com a teoria de Maslow de que os níveis mais baixos de necessidades humanas têm relativamente pequeno efeito motivacional quando o padrão de vida é elevado. As abordagens de Maslow e de Herzberg apresentam alguns pontos de concordância que permitem uma configuração mais ampla e rica a respeito da motivação do comportamento humano. Não obstante, apresentam também importantes diferenças. A Figura 2.11 facilita uma comparação dos dois modelos.

Figura 2.11 Comparação dos modelos de motivação de Maslow e de Herzberg.[16]

2.4.4 O modelo contingencial de motivação de Vroom

A teoria de Maslow baseia-se em uma estrutura uniforme e hierárquica de necessidades e a de Herzberg em duas classes de fatores. Ambas repousam na presunção implícita de que existe "uma maneira melhor" (*the best way*) de motivar as pessoas, seja pelo reconhecimento da pirâmide de necessidades humanas, seja por meio da aplicação de fatores motivacionais e enriquecimento do cargo. Todavia, a evidência tem demonstrado que diferentes pessoas reagem de diferentes maneiras, conforme a situação em que estejam colocadas.

A teoria de motivação de Victor H. Vroom[17] restringe-se exclusivamente à motivação para produzir, rejeita noções preconcebidas e reconhece as diferenças individuais. Segundo Vroom, existem três fatores que determinam em cada indivíduo a motivação para produzir:

1. **Objetivos pessoais do indivíduo**: constituem a força do desejo de atingir determinados objetivos. Incluem dinheiro, segurança no cargo, aceitação social, reconhecimento e trabalho interessante. Existem outras combinações de objetivos que uma pessoa pode procurar satisfazer simultaneamente.
2. **Relação que o indivíduo percebe entre produtividade e o alcance de seus objetivos**: se uma pessoa tem como objetivo ter um salário maior e se trabalha na base de remuneração por produção, poderá ter forte motivação para produzir mais. Porém, se sua necessidade de aceitação social pelos outros membros do grupo é mais importante, poderá produzir abaixo do nível que consagrou como padrão de produção informal. Produzir mais poderá significar a rejeição do grupo.
3. **Percepção de sua capacidade de influenciar seu nível de produtividade:** se a pessoa acredita que o esforço despendido tem efeito sobre o resultado, tenderá a esforçar-se muito para, com isso, alcançar seu objetivo.

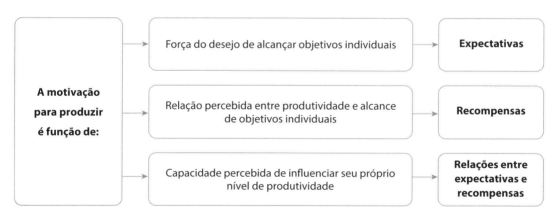

Figura 2.12 Os três fatores da motivação para produzir.

Para explicar a motivação para produzir, Vroom propõe um modelo de expectação da motivação que se baseia em objetivos intermediários e gradativos (meios) que conduzem a um objetivo final (fins). Segundo esse modelo, a motivação é um processo que governa escolhas entre comportamentos. O indivíduo percebe as consequências de cada alternativa de comportamento como resultados representando uma cadeia de relações entre meios e fins. Assim, quando o indivíduo procura um resultado intermediário (produtividade elevada, por exemplo), está buscando meios para alcançar resultados finais (dinheiro, benefícios sociais, apoio do supervisor, promoção ou aceitação do grupo). A Figura 2.13 representa a expectação de resultados finais por meio do alcance de resultados intermediários.

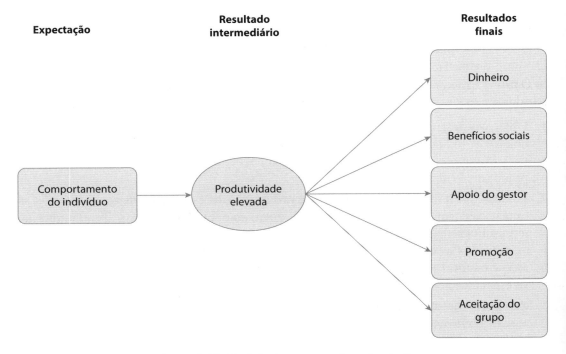

Figura 2.13 Modelo de expectação aplicado.[18]

2.4.5 Teoria da expectação

Em seus trabalhos sobre motivação, Lawler III[19] encontrou fortes evidências de que o dinheiro pode motivar o desempenho e outros tipos de comportamento, como o companheirismo e dedicação à organização. Apesar do resultado óbvio, verificou que o dinheiro tem apresentado pouca potência motivacional em virtude de sua incorreta aplicação pela maior parte das organizações. A relação não consistente entre o dinheiro e o desempenho, em muitas organizações, é devida a várias razões:

1. O enorme lapso de tempo ocorrido entre o desempenho da pessoa e o incentivo salarial decorrente. A fraqueza do incentivo e a demora de tempo para recebê-lo dão a falsa impressão de que os ganhos das pessoas são independentes de seu desempenho. Como o reforço é fraco e é demorado no tempo, a relação entre dinheiro e desempenho torna-se frágil.

2. As avaliações de desempenho não produzem distinções salariais, pois os gerentes e avaliadores não gostam de se confrontar com pessoas de baixo desempenho e que não estejam preparadas para receber nenhum ou menor incentivo salarial que os demais colegas que têm bom desempenho. Assim, os salários tendem a ser mantidos pela média e acabam não recompensando o desempenho excelente e provocando uma relação não consistente entre dinheiro e desempenho. A relação torna-se dissonante.

3. A política de remuneração das organizações está geralmente atrelada às políticas governamentais ou a convenções sindicais, que são genéricas e abrangentes e que procuram regulamentar indistintamente os salários a fim de neutralizar o efeito da inflação. Os salários tornam-se planos e não distinguem o bom e o mau desempenho.

4. O preconceito gerado pela antiga Teoria das Relações Humanas a respeito do salário em si e das limitações do modelo do *homo economicus* difundido pela Teoria da Administração Científica de Taylor e que ela tanto combateu. Esse preconceito existe até os dias de hoje e parece transformar o dinheiro em algo vil e sórdido, quando, na realidade, ele é uma das razões principais que levam as pessoas a trabalhar em uma organização.

Lawler III conclui que existem duas bases sólidas para sua teoria:

1. As pessoas desejam dinheiro porque este não somente lhes permite a satisfação de necessidades fisiológicas e de segurança, mas também lhes dá plenas condições para a satisfação das necessidades sociais, de estima e de autorrealização. O dinheiro é um meio e não um fim em si. Ele pode comprar muitas coisas que satisfazem múltiplas necessidades pessoais.

2. Se as pessoas percebem e creem que seu desempenho é, ao mesmo tempo, possível e necessário para obter mais dinheiro, elas certamente desempenharão da melhor maneira possível. É só estabelecer este tipo de percepção.

A teoria de expectação de Lawler III pode ser expressa pela equação apresentada na Figura 2.14.

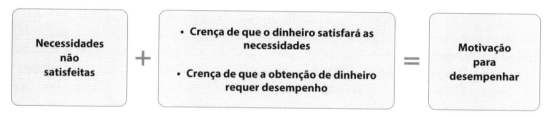

Figura 2.14 Teoria de expectação de Lawler III.[20]

PARA REFLEXÃO

O dinheiro é altamente motivador

O dinheiro pode ser poderoso motivador desde que as pessoas acreditem haver ligação direta ou indireta entre desempenho e consequente aumento de remuneração ou recompensas financeiras. Se essa percepção for alcançada e confirmada, as pessoas certamente terão melhor desempenho tendo em vista o resultado financeiro desejado. Dinheiro pode comprar muita coisa.

2.4.6 Clima organizacional

O conceito de motivação – no nível individual – conduz ao de clima organizacional – ao nível da organização. Os seres humanos estão continuamente engajados no ajustamento a uma variedade de situações, no sentido de satisfazer suas necessidades e manter certo equilíbrio emocional. Isso pode ser definido como um estado de ajustamento contínuo. Tal ajustamento não se refere somente à satisfação das necessidades fisiológicas e de segurança, mas também à satisfação das necessidades de pertencer a um grupo social de estima e de autorrealização. A frustração dessas necessidades causa problemas de ajustamento psicológico e social. Como a satisfação das necessidades superiores depende particularmente daquelas pessoas que estão em posições de autoridade hierárquica, torna-se importante para a administração compreender a natureza do ajustamento ou desajustamento das pessoas.

O ajustamento varia de uma pessoa para outra e dentro do mesmo indivíduo, de um momento para outro. Um bom ajustamento denota "saúde mental". Uma das maneiras de se definir saúde mental é descrever as características de pessoas mentalmente sadias. Essas características básicas são:[21]

1. Sentem-se bem consigo mesmas.
2. Sentem-se bem em relação às outras pessoas.
3. São capazes de enfrentar, por si, as demandas da vida.

Daí, o nome *clima organizacional* dado ao ambiente interno existente entre os membros da organização. O clima organizacional está intimamente relacionado com o grau de motivação de seus participantes. Quando há elevada motivação entre os membros, o clima motivacional eleva-se e traduz-se em relações de satisfação, de animação, interesse, colaboração etc. Todavia, quando há baixa motivação entre os membros, seja por frustração ou barreiras à satisfação das necessidades, o clima organizacional tende a abaixar-se, caracterizando-se por estados de depressão, desinteresse, apatia, insatisfação etc., podendo, em casos extremos, chegar a estados de agressividade, tumulto, inconformidade etc., típicos de situações em que os membros se defrontam abertamente com a organização (como nos casos de greves, piquetes etc.).

Atkinson desenvolveu um modelo para estudar o comportamento motivacional que leva em conta os determinantes ambientais da motivação. Esse modelo baseia-se nas seguintes premissas:[22]

1. Todos os indivíduos têm motivos ou necessidades básicas que representam comportamentos potenciais e somente influenciam o comportamento quando provocados.
2. A provocação ou não desses motivos depende da situação ou do ambiente percebido pelo indivíduo.
3. As propriedades particulares do ambiente servem para estimular ou provocar certos motivos. Em outras palavras, um motivo específico não influencia o comportamento até que seja provocado por uma influência ambiental apropriada.
4. Mudanças no ambiente percebido resultarão em mudanças no padrão da motivação provocada.

5. Cada espécie de motivação é dirigida para a satisfação de uma espécie de necessidade. O padrão da motivação provocada determina o comportamento, e a mudança nesse padrão resultará em mudança de comportamento.

O conceito de clima organizacional envolve um quadro amplo e flexível da influência ambiental sobre a motivação das pessoas. O clima organizacional é a qualidade ou propriedade do ambiente organizacional que:

1. É percebida ou experimentada pelos membros da organização.
2. Influencia poderosamente o seu comportamento.[23]

SAIBA MAIS — Sobre o clima organizacional

O clima organizacional refere-se ao ambiente interno existente entre os membros da organização e está intimamente relacionado com o grau de motivação de seus participantes. O termo *clima organizacional* refere-se especificamente às propriedades motivacionais do ambiente organizacional, isto é, aos aspectos da organização que levam à provocação de diferentes espécies de motivação nos participantes. Assim, o clima organizacional é favorável quando proporciona satisfação das necessidades pessoais dos participantes e elevação do moral. É desfavorável quando proporciona a frustração daquelas necessidades. Na verdade, o clima organizacional influencia o estado motivacional das pessoas e é por ele influenciado.

VOLTANDO AO CASO INTRODUTÓRIO
A Matrix

Cláudia Sanchez quer definir motivadores para incentivar mudança de comportamentos a fim de proporcionar uma organização dinâmica e competitiva. Para isso, pretende marcar uma reunião de diretoria para apresentar um plano de recompensas. Como ela poderia elaborar tal plano?

2.5 COMUNICAÇÃO

As pessoas não vivem isoladas nem são autossuficientes. No decorrer de suas vidas, elas relacionam-se continuamente com outras pessoas ou com seus ambientes por meio da comunicação. Comunicação é a transferência de informação e significado de uma pessoa para outra pessoa. É o processo de passar informação e compreensão de uma pessoa para outra. É a maneira de se relacionar com outras pessoas por meio de ideias, fatos, pensamentos e valores. A comunicação é o ponto que liga as pessoas para que compartilhem sentimentos e conhecimentos. A comunicação envolve transações entre as pessoas. Toda comunicação envolve pelo menos duas pessoas: a que envia uma mensagem e a que a recebe. Uma pessoa sozinha não pode comunicar-se, pois somente com outra pessoa receptora é que pode completar o ato da comunicação. Entretanto, as organizações não podem existir nem operar sem comunicação; esta é a rede que integra e coordena todas as suas partes.

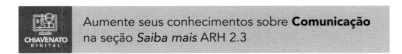

Aumente seus conhecimentos sobre **Comunicação** na seção *Saiba mais* ARH 2.3

A comunicação constitui um processo composto de cinco elementos:[24]

1. **Emissor ou fonte**: é a pessoa, coisa ou processo que emite a mensagem para alguém, isto é, para um destino. É a fonte de comunicação.
2. **Transmissor ou codificador**: é o equipamento que liga a fonte ao canal, isto é, que codifica a mensagem emitida pela fonte para torná-la adequada e disponível ao canal.
3. **Canal**: é a parte do sistema que liga o transmissor ao receptor, permitindo à fonte conectar-se ao destino que pode estar fisicamente próximo ou distante.
4. **Receptor ou decodificador**: é o equipamento situado entre o canal e o destino, isto é, que decodifica a mensagem enviada pelo transmissor para torná-la compreensível ao destino.
5. **Destino**: é a pessoa, coisa ou processo para o qual a mensagem é enviada. É o destinatário da comunicação.

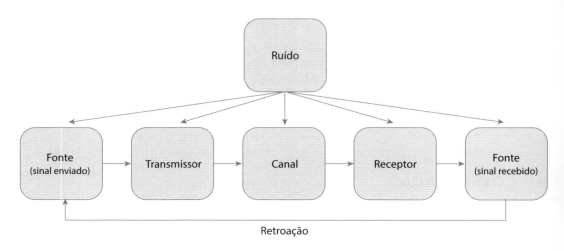

Figura 2.15 Sistema de comunicação.

Como o processo de comunicação funciona sob forma de um sistema aberto, é comum ocorrer certa quantidade de ruído, seja dentro ou fora do sistema. Ruído significa perturbação indesejável que tende a deturpar, distorcer ou alterar, de maneira imprevisível, a mensagem transmitida. Geralmente, dá-se o nome de ruído a alguma perturbação interna do sistema, enquanto se nomeia como interferência alguma perturbação externa vinda do ambiente.

O Quadro 2.2 apresenta alguns exemplos de sistemas de comunicação para facilitar a compreensão do conceito.

Quadro 2.2 Exemplos de sistemas de comunicação[25]

Sistema	Sistema telefônico	Porta automática	Televisão
Fonte	Voz humana	Afluência de pessoas rompendo o raio de luz	Programa de TV
Transmissor	Aparelho telefônico	Célula fotoelétrica e circuitos auxiliares	Câmera, transmissor, equipamento e antena transmissora
Canal	Rede de fios condutores que ligam um aparelho a outro	Fio conduzindo ao solenoide que move a porta automática	Espaço livre
Receptor	Outro aparelho telefônico	Mecanismo solenoidal	Antena receptora e aparelho de TV
Destino	Ouvido humano	Porta automática	Telespectador
Ruído	Estática, ruídos, interferências, linhas cruzadas	Mau funcionamento dos dispositivos	Estática, interferência, chuviscos, disfuncionamento dos componentes

Figura 2.16 Desdobramento do processo de comunicação.

O processo de comunicação pode ser abordado matematicamente, não do ponto de vista determinístico, mas probabilístico, pois nem todo sinal emitido pela fonte de informação percorre o processo de modo a chegar incólume ao destino. O sinal pode sofrer perdas, mutilações, distorções; pode também sofrer ruídos, interferências, vazamentos e, ainda, ampliações ou desvios. O boato é um exemplo típico de comunicação distorcida, ampliada e, muitas vezes, desviada. Em um sistema de comunicações, toda fonte de erros ou distorções está incluída no conceito de ruído. Uma informação ambígua ou que induz a erros contém ruídos. Em uma conversa telefônica, por exemplo, o ambiente barulhento, as interferências, os cruzamentos de linhas, as interrupções e a impossibilidade de ver o interlocutor provocam ruídos. Daí a necessidade de recorrer-se à repetição – redundância – para superar o ruído.

2.5.1 Percepção

As pessoas transformam tudo o que veem e ouvem em percepções da realidade ao seu redor. Toda pessoa tem seu sistema conceptual próprio, isto é, o seu padrão de referência que age como filtro codificador, condicionando a aceitação e o processamento de qualquer informação. Esse filtro seleciona e rejeita toda informação não ajustada a esse sistema ou que possa ameaçá-lo. Há uma codificação perceptiva (percepção seletiva) que atua como defesa, bloqueando informações não desejadas ou não relevantes. Assim, cada pessoa desenvolve seu próprio conjunto de conceitos para interpretar o ambiente externo e interno e para organizar suas múltiplas experiências de vida cotidiana. Os padrões pessoais de referência são importantes para o entendimento do processo de comunicação humana. Existe relação entre cognição, percepção, motivação e comunicação. Aquilo que duas pessoas comunicam é determinado pela percepção de si mesmas e da outra pessoa na situação, graças aos seus diferentes sistemas cognitivos e sua motivação individual naquele momento. A ideia ou mensagem comunicada é intimamente relacionada com as percepções e motivações tanto do emissor como do destinatário, dentro do contexto ambiental que os envolve.

Daí resulta a percepção social. Ela nem sempre é racional ou consciente: "a percepção social é o meio pelo qual a pessoa forma impressões de uma outra na esperança de compreendê-la. A empatia ou sensibilidade social é o meio pelo qual a pessoa consegue desenvolver impressões acuradas a respeito dos outros".[26]

No fundo, a empatia é um processo de compreensão dos outros. Muitos autores utilizam sinônimos para abordar a empatia, como compreensão de pessoas, sensitividade social ou acuracidade na percepção social.

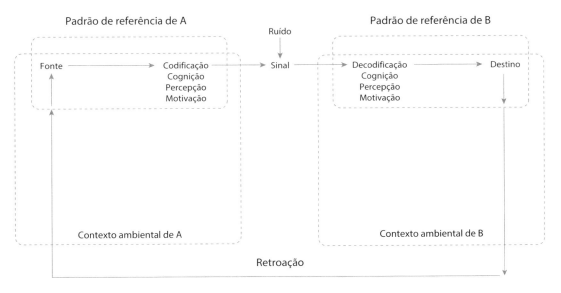

Figura 2.17 Padrões pessoais de referência.

Existem três aspectos na percepção social:[27]

1. **Percebedor:** a pessoa que está "olhando" e tentando compreender.
2. **Percebido:** a pessoa que está sendo "olhada" ou compreendida.
3. **Situação:** o conjunto total de forças sociais e não sociais dentro das quais ocorre o ato da percepção social.

A percepção social pode ser melhorada quando se considera que:[28]

1. Conhecendo-se a si mesmo, torna-se mais fácil ver os outros de modo mais objetivo.
2. As características do observador afetam as características que ele está propenso a ver nos outros.
3. A pessoa que se aceita é mais propensa a ver favoravelmente certos aspectos de outras pessoas.

Assim, a percepção social – impressão a respeito dos outros – é influenciada por:

a. **Estereótipos**: são as distorções na percepção das pessoas.
b. **Generalizações** (*halo effect*): é o processo pelo qual uma impressão geral – seja favorável ou desfavorável – influencia o julgamento e avaliação de outros traços específicos das pessoas.
c. **Projeção:** é o mecanismo de defesa pelo qual a pessoa tende a atribuir a outras certas características próprias que ela rejeita inconscientemente.
d. **Defesa perceptual:** é outra fonte de erro e distorção na qual o observador distorce e adapta os dados da mesma forma como elimina a inconsistência (dissonância cognitiva).

2.5.2 Barreiras à comunicação

O processo de comunicação humana está sujeito a chuvas e tempestades. É que a comunicação nem sempre funciona a contento. Existem barreiras que servem como obstáculos ou resistências à comunicação entre as pessoas. Algumas variáveis intervêm no processo de comunicação e o afetam profundamente, fazendo com que a mensagem tal como é enviada se torne diferente da mensagem tal como é recebida. Quase sempre a comunicação não acontece.

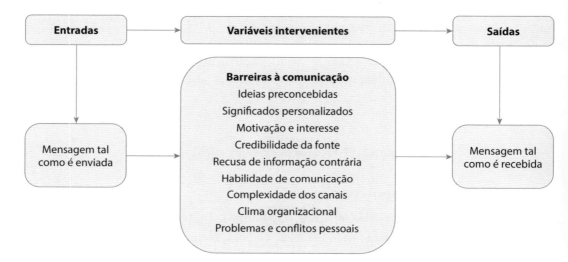

Figura 2.18 Barreiras ao processo de comunicação humana.

Na realidade, ocorrem três tipos de barreiras à comunicação humana: as barreiras pessoais, as barreiras físicas e as barreiras semânticas.

1. **Barreiras pessoais**: são interferências que decorrem das limitações, emoções e valores humanos de cada pessoa. As barreiras mais comuns em situações de trabalho são os hábitos deficientes de ouvir, as emoções, as motivações, os sentimentos pessoais. As barreiras pessoais podem limitar ou distorcer as comunicações com as outras pessoas.
2. **Barreiras físicas**: são as interferências que ocorrem no ambiente em que acontece o processo de comunicação. Um trabalho que possa distrair, uma porta que se abre no decorrer da aula, a distância física entre as pessoas, canal saturado, paredes que se antepõem entre a fonte e o destino, ruídos estáticos na comunicação por telefone etc.
3. **Barreiras semânticas**: são as limitações ou distorções decorrentes dos símbolos através dos quais a comunicação é feita. As palavras ou outras formas de comunicação – como gestos, sinais, símbolos etc. – podem ter diferentes sentidos para as pessoas envolvidas no processo e podem distorcer seu significado. As diferenças de linguagem constituem barreiras semânticas entre as pessoas.

Quadro 2.3 Três tipos de barreiras à comunicação

Barreiras humanas	Barreiras físicas	Barreiras semânticas
▪ Limitações pessoais ▪ Hábitos de ouvir ▪ Emoções ▪ Preocupações ▪ Sentimentos pessoais ▪ Motivações	▪ Espaço físico ▪ Interferências físicas ▪ Falhas mecânicas ▪ Ruídos ambientais ▪ Distância ▪ Ocorrências locais	▪ Interpretação de palavras ▪ Translação de linguagens ▪ Significado de sinais ▪ Significado de símbolos ▪ Decodificação de gestos ▪ Sentido das lembranças

Esses três tipos de barreiras podem ocorrer simultaneamente, fazendo a mensagem ser filtrada, bloqueada ou distorcida. Assim, a comunicação nem sempre é a mensagem tal como é enviada, mas como é entendida quando recebida.

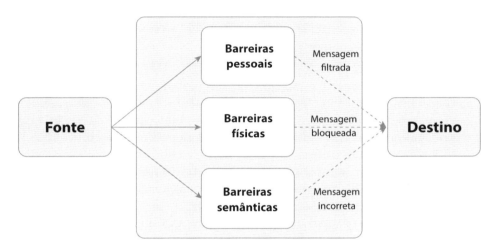

Figura 2.19 Como funcionam as barreiras à comunicação.

Além da influência das barreiras, a comunicação pode ainda sofrer de três males: omissão, distorção e sobrecarga.

1. **Omissão**: ocorre quando certos aspectos ou partes importantes da comunicação são omitidos, cancelados ou cortados por alguma razão, seja pela fonte, seja pelo destinatário, fazendo com que a comunicação não seja completa ou com que seu significado perca alguma substância.

2. **Distorção**: ocorre quando a mensagem sofre alteração, deturpação, modificação, afetando e modificando seu conteúdo e significado original.

3. **Sobrecarga**: ocorre quando a quantidade de comunicação é muito grande e ultrapassa a capacidade pessoal do destinatário de processar as informações, perdendo parte delas ou distorcendo seu conteúdo. Muitas vezes, a sobrecarga produz um colapso que paralisa o sistema.

> **VOLTANDO AO CASO INTRODUTÓRIO**
> **A Matrix**
>
> Elaborado o plano de incentivos para os colaboradores da Matrix, o passo seguinte de Cláudia Sanchez é transmitir as novas ideias às pessoas. Como Cláudia deveria montar um plano de comunicação da nova Matriz aos seus parceiros?

2.6 COMPORTAMENTO HUMANO NAS ORGANIZAÇÕES

Embora se possa visualizar as pessoas como recursos, isto é, como portadoras de habilidades, capacidades, conhecimentos, competências, motivação de trabalho etc., nunca se deve esquecer que as pessoas são pessoas, isto é, portadoras de características de personalidade, expectativas, objetivos pessoais, histórias particulares etc. Gente como a gente. Convém, portanto, salientar algumas características genéricas das pessoas como pessoas, pois isso melhora a compreensão do comportamento humano nas organizações.

O comportamento das pessoas apresenta algumas características:[29]

1. **O ser humano é proativo:** o comportamento das pessoas é orientado para a satisfação de suas necessidades pessoais e para o alcance de seus objetivos e aspirações. Por isso, reagem e respondem a seu ambiente, seja no trabalho seja fora da organização. As pessoas podem tanto resistir como colaborar com as políticas e os procedimentos da organização, dependendo das estratégias de liderança adotadas por algum supervisor. De modo geral, o comportamento nas organizações é determinado tanto pelas práticas organizacionais como pelo comportamento proativo (orientado para objetivos pessoais) dos participantes da organização.

2. **O ser humano é social:** a participação em organizações é importante na vida das pessoas porque as conduz ao envolvimento com outras pessoas ou em grupos. Nos grupos ou nas organizações, os indivíduos procuram manter sua identidade e seu bem-estar psicológicos e usam seus relacionamentos com outras pessoas para obter informação sobre si mesmos e sobre o ambiente em que vivem. Os dados obtidos constituem uma "realidade social" para os indivíduos que nela se baseiam para testar e comparar suas próprias capacidades, ideias e concepções, e no sentido de aumentar sua autocompreensão. Aliás, as relações sociais – mais do que qualquer outro fator – determinam a natureza do autoconceito das pessoas.

3. **O ser humano tem diferentes necessidades:** as pessoas são motivadas por uma diversidade de necessidades. Um fator pode motivar o comportamento de uma pessoa hoje e pode não ter potência suficiente para determinar seu comportamento no dia seguinte. Por outro lado, o comportamento das pessoas é simultaneamente influenciado por um grande número de necessidades que apresentam valências e quantidades diferentes.

4. **O ser humano percebe e avalia:** a experiência da pessoa com o seu ambiente é um processo ativo porque seleciona os dados dos diferentes aspectos do ambiente, avalia-os em termos de suas próprias experiências passadas e em função daquilo que está experimentando em termos de suas próprias necessidades e valores.

5. **O ser humano pensa e escolhe:** o comportamento humano é proposital, proativo e cognitivamente ativo. Pode ser analisado em termos de planos comportamentais que escolhe, desenvolve e executa para lidar com os estímulos com que se defronta e para alcançar seus objetivos pessoais. A maneira como o indivíduo seleciona e escolhe seus cursos de ação pode ser explicada pela teoria da expectância.

6. **O ser humano tem limitada capacidade de resposta:** o homem tem limitada capacidade para desempenhar de acordo com o que pretende ou ambiciona. As pessoas não são capazes de se comportar de todas as formas, pois suas características pessoais são limitadas e restritas. As diferenças individuais fazem com que as pessoas tenham comportamentos variados. A capacidade de resposta é função das aptidões (inatas) e da aprendizagem (aquisição). Tanto a capacidade mental como a capacidade física estão sujeitas a limitações.

Em função dessas características do comportamento humano, avulta o conceito de homem complexo.

2.7 CONCEITO DE HOMEM COMPLEXO

Em diferentes épocas, surgiram na teoria das organizações concepções a respeito da natureza humana e das organizações, cada qual privilegiando certos aspectos da conduta das pessoas e marcando a maneira pela qual as organizações administram as pessoas. Cada uma dessas concepções teve um contexto adequado para explicá-las e justificá-las.

1. A primeira concepção surgiu no início do século 20 com a Teoria da Administração Científica de Taylor e colaboradores e marcou profundamente a maneira pela qual as organizações focalizavam a conduta humana. Foi a abordagem do *homo economicus*, ou seja, a visão do homem motivado exclusivamente por recompensas salariais, econômicas ou materiais. Segundo essa concepção, as pessoas trabalham apenas para ganhar dinheiro, e a maneira de motivá-las é oferecer recompensas financeiras. Daí a forte ênfase nos prêmios de produção e incentivos salariais como forma básica de motivação humana para satisfazer necessidades fisiológicas e de segurança. Um de seus postulados é a afirmação de que as pessoas são indolentes e preguiçosas e precisam ser rigidamente controladas e fiscalizadas.

2. A segunda concepção surgiu na década de 1930, com a Teoria das Relações Humanas de Mayo, Lewin e outros psicólogos sociais que tentaram combater o excessivo racionalismo e mecanicismo dos engenheiros da Administração Científica. Essa foi a abordagem do *homo social*, ou seja, a visão do homem motivado por recompensas sociais, não materiais e simbólicas. Segundo essa concepção, as pessoas trabalham e se esforçam para poder conviver com seus semelhantes em grupos sociais ou em organizações. O homem é um ser gregário e daí a forte ênfase nas recompensas sociais como forma básica de motivação humana para satisfazer principalmente as necessidades sociais e de estima das pessoas.

3. A terceira concepção surgiu com a Teoria Estruturalista no início da década de 1950. Os sociólogos organizacionais preocuparam-se em conceituar o *homem organizacional*, ou seja, a abordagem do homem como ocupante de papéis que desempenha em várias organizações simultaneamente. Na sociedade de organizações em que vivemos, cada

pessoa desempenha um papel diferente nas várias organizações das quais simultaneamente participa como membro. O homem é um apêndice das organizações e não vive fora delas, pois delas necessita para obter satisfações de todas as suas necessidades primárias e secundárias. Essa abordagem tenta conciliar e integrar os conceitos de *homem econômico* e de *homem social*.

4. A quarta concepção surgiu com a Teoria Comportamental no final da década de 1950 com os trabalhos de Simon, vindo a substituir a abordagem romântica e ingênua da Escola das Relações Humanas, que lhe serviu de base. Os psicólogos organizacionais preocupam-se em conceituar o *homem administrativo*, ou seja, o homem como um incansável captador de dados, processador de informações e tomador de decisões. Segundo essa concepção, as pessoas recebem e processam informações do ambiente que as rodeia e tomam incessantemente decisões a respeito de todos os seus atos cotidianos e corriqueiros.

Aumente seus conhecimentos sobre **O ser humano como um *satisfacer*** na seção *Saiba mais* ARH 2.4

5. A quinta concepção surgiu com a Teoria da Contingência no início da década de 1970, com os trabalhos de Lawrence e Lorsch[30] e Schein,[31] buscando aplicação da Teoria de Sistemas às organizações. É a abordagem do homem complexo, visualizado como um microssistema individual e complexo. Cada pessoa é um mundo à parte, uma realidade distinta das demais. Por outro lado, nada é absoluto, nem perfeito. Tudo é relativo, tudo é contingente. As pessoas são mais bem compreendidas quando situadas em seu contexto e nas situações em que continuamente interagem com outras. A concepção do homem complexo é contingencial e leva em conta a complexidade do homem e dos fatores que influenciam sua motivação para contribuir. O homem é visualizado como um sistema individual composto de cognições, percepções, valores e motivações.

Na realidade, cada uma dessas diferentes concepções conta apenas uma parte da história e mostra apenas um pedaço do todo. E nem poderia ser diferente. Seu caráter parcial e limitado é óbvio e salta aos olhos. Mas dá para perceber a diferença em cada concepção que explicamos anteriormente.

Quadro 2.4 Diversas concepções do homem segundo a teoria das organizações

Teoria administrativa	Concepção	Motivação básica
Administração científica	Homem econômico	Recompensas salariais e financeiras
Relações humanas	Homem social	Recompensas sociais e simbólicas
Estruturalista	Homem organizacional	Recompensas salariais e simbólicas
Comportamental	Homem administrativo	Processo decisório e busca de soluções satisfacientes
Contingência	Homem complexo	Microssistema individual e complexo

A concepção de homem complexo é baseada nas seguintes justificativas:[32]

1. **O ser humano não só é complexo, mas é também variável**: tem muitas motivações que se encontram dispostas em certa hierarquia de importância; porém, essa hierarquia está sujeita a mudanças de momento a momento e de situação a situação. Além disso, os motivos se inter-relacionam entre si e se combinam em perfis motivacionais complexos.

2. **O ser humano assimila novas motivações por intermédio de suas experiências organizativas**: e o seu perfil de motivação e a interação psicológica que estabelece com a organização são o resultado de uma inter-relação complexa entre as suas necessidades iniciais e as suas experiências na organização.

3. **As motivações do ser humano nos diferentes tipos de organização podem divergir**: a pessoa que se acha alienada em uma organização formal cumpriria suas necessidades essenciais e de autorrealização no sindicato ou nas organizações informais. Se a tarefa é complexa, algumas partes dela podem implicar certas motivações, enquanto outras implicam motivos diferentes.

4. **O ser humano relaciona-se de uma maneira produtiva com as organizações na base de muitos tipos de motivações**: sua satisfação última na organização depende só em parte da natureza de sua motivação. A natureza da tarefa a ser realizada, suas habilidades e experiência no cargo e a natureza das outras pessoas na organização inter-relacionam-se de tal maneira que produzem um perfil quanto ao trabalho e sentimentos resultantes. Por exemplo, um operário qualificado, porém com pouca motivação, pode ser tão eficaz e sentir-se tão satisfeito como um operário não qualificado, porém, muito motivado.

5. **O ser humano pode responder a tipos diferentes de estratégias diretivas**: e isto depende de suas próprias motivações e capacidades e da natureza da tarefa que realiza. Não existe nenhuma estratégia diretiva correta que possa favorecer a todas as pessoas em todos os momentos.

O conceito de homem complexo pressupõe que, em suas transações com o ambiente organizacional, os indivíduos sejam motivados por um desejo de usar suas habilidades de solucionar problemas ou de dominar os problemas com os quais se defrontam, ou, em outros termos, que se esforcem para dominar o mundo externo. No sistema particular de personalidade individual, o padrão de valores, de percepções e de motivações é o resultado da interação das características biológicas do indivíduo com a experiência de desenvolvimento que o indivíduo acumula desde a infância até a vida adulta. A variabilidade de experiências faz com que cada sistema individual se desenvolva diferentemente. Também os problemas que aparecem frente aos indivíduos variam infinitamente. Assim, cada sistema individual tem características únicas e complexas.

Dois pontos são essenciais na compreensão do homem complexo.[33]

1. **Diferentes sistemas individuais desenvolvem-se com diferentes padrões de percepções de valores e de motivos:** as percepções referem-se à informação que o sistema individual recolhe sobre seu ambiente. Valores são o conjunto de crenças

sobre o que é certo e errado, importante e sem importância, e que é conservado e apoiado conscientemente. Motivos são os impulsos subjacentes ou necessidades que se desenvolvem inconscientemente à medida que o indivíduo experimenta êxito ou fracasso ao dominar seu ambiente. Essas três variáveis – as percepções, os valores e os motivos – são altamente inter-relacionadas. O que um indivíduo percebe em uma situação particular é influenciado por seus valores e motivos. O desenvolvimento de motivos e valores é influenciado pelo processo de percepção que determina a informação recolhida pelo sistema.

2. **Os sistemas individuais não são estáticos:** mas continuam a se desenvolver enquanto e à medida que encontram novas experiências com problemas. Os mecanismos perceptuais que filtram as informações para dentro e para fora do indivíduo permitem, de um lado, a manutenção do sistema individual e, de outro, a aprendizagem por intermédio de novas experiências.

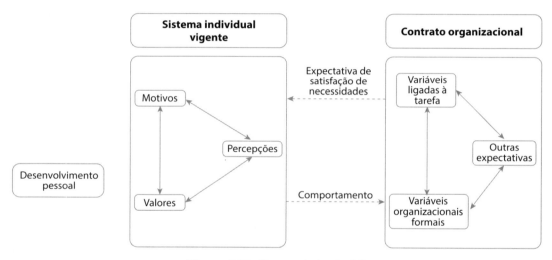

Figura 2.20 Sistema individual.[34]

TENDÊNCIAS EM GH

O mundo digital

Na Era Digital, está crescendo rapidamente o número de organizações virtuais e interconectadas em redes digitais, assim como os negócios virtuais através da internet. O volume de atividades relacionadas com *e-commerce, e-business* e *e-organization* entrou em intensa expansão. E qual é a razão? Os negócios tradicionais estão sendo substituídos por negócios digitais através de plataformas da *web*. É o foco em um novo cliente. E em um novo tipo de funcionário. Estamos falando do *homo digitalis*: aquele que se comunica com o mundo por meio da TI, seja pela internet, celular, *smartphones* ou terminais de computador. O mundo ficou mais conectado e muito menor do que antes. Qualquer acontecimento em qualquer lugar ou momento em nosso planeta é rápida e agilmente conhecido em qualquer lugar.

2.8 CAPITAL HUMANO

Em seu conjunto, as pessoas constituem o capital humano da organização. Esse capital pode valer mais ou valer menos na medida em que contenha talentos e competências capazes de agregar valor à organização e torná-la mais ágil e competitiva. Portanto, esse capital vale mais na medida em que consiga influenciar as ações e destinos da organização. Para isso, a organização precisa utilizar intensivamente quatro alavancadores indispensáveis:[35]

1. **Autoridade**: dar poder às pessoas para que elas possam tomar decisões independentes sobre ações e recursos. Nesse sentido, cada líder reparte e delega autoridade às pessoas para que elas possam trabalhar de acordo com o que elas aprendem e dominam. Ou seja, dar autonomia às pessoas. É o chamado *empowerment*.
2. **Informação**: fomentar o acesso à informação ao longo de todas as fronteiras. Criar condições para disseminar a informação e torná-la útil e produtiva para as pessoas no sentido de facilitar a tomada de decisões e a busca de novos e diferentes caminhos.
3. **Recompensas**: proporcionar incentivos compartilhados que promovam os objetivos organizacionais. Um dos mais fortes motivadores é a recompensa pelo trabalho bem-feito. A recompensa funciona como um reforço positivo e como um sinalizador do comportamento que a organização espera de seus participantes.
4. **Competências**: ajudar as pessoas a desenvolver as habilidades e competências para utilizar amplamente a informação e a autoridade. É assim que se criam talentos na organização: definindo as competências que a organização precisa para alcançar seus objetivos e criando condições internas para que as pessoas aprendam e desenvolvam tais competências da melhor maneira possível.

Reflita sobre **Recursos Humanos** na seção *Para reflexão* ARH 2.1

A Era da Informação e, mais posteriormente, a Era Digital mudaram radicalmente esse panorama pelas seguintes razões:[36]

1. **Cada Era está tornando o trabalho cada vez menos físico e muscular e cada vez mais cerebral e mental**. A atividade humana está deixando de ser repetitiva, rotineira e imitativa para ser cada vez mais criativa, mutável e inovadora. As pessoas deixaram de ser simples fornecedoras de mão de obra para serem alçadas à categoria de fornecedoras de conhecimento e de competências, como parceiros – e não como empregados submetidos a um contrato formal de trabalho – da organização. Cada pessoa é uma cabeça, uma inteligência a serviço da organização, e não um simples conjunto de músculos e habilidades físicas.
2. **As pessoas estão deixando de ser meras *commodities* nas organizações** e assumindo seu caráter pessoal, individual e singular em função das diferenças individuais. Antes, as práticas de RH – como seleção, treinamento, remuneração, benefícios – eram padronizadas e estereotipadas, a fim de garantirem homogeneidade no comportamento organizacional. Hoje, pelo contrário, as diferenças individuais estão sendo realçadas e incentivadas, os talentos estão sendo procurados com sofreguidão e as competências

pessoais aprimoradas para garantir a competitividade organizacional.[37] A diversidade e a inclusão estão em alta. As pessoas estão deixando de ser meros recursos produtivos na base da organização para serem o universo que define o capital humano da organização.

3. **O trabalho está deixando de ser individualizado, solitário e isolado para se transformar em uma atividade grupal, solidária e conjunta.** Enquanto os cargos – conceito típico da Era Industrial – estão passando por uma total redefinição, as equipes estão cada vez mais em voga. A velha abordagem cartesiana de divisão do trabalho e especialização já deu tudo o que tinha de dar no passado. Hoje, em vez de dividir, separar e isolar, tornou-se importante juntar, empoderar e integrar para obter efeito sinérgico, holístico e multiplicador. As pessoas trabalham melhor e mais satisfeitas quando o fazem socialmente juntas. Equipes, células de produção, times, tribos, trabalho conjunto, trabalho móvel, compartilhamento, participação, solidariedade, consenso, decisão em equipe, colaboração inteligente, *empowerment*, autogestão, multifuncionalidade, polivalência: atualmente, essas estão sendo as palavras de ordem nas organizações bem-sucedidas.

4. **Hoje, não se trata apenas de reter talentos na organização:** possuir talentos é apenas uma parte da questão. Eles precisam ter uma jornada de trabalho agradável e divertida, uma liderança servidora, um clima organizacional gostoso de sentir e a vontade íntima de permanecer e crescer na organização e não simplesmente a atuação para segurá-los dentro da empresa. Não mais reter, mas engajar, empoderar, desenvolver, liderar e alavancar os talentos para que se sintam trabalhando no melhor lugar para se trabalhar. E o mais importante é o que fazer para que eles sejam rentavelmente aplicados: desenvolver talentos e saber aplicá-los no sentido de obter elevados retornos desse precioso capital humano. E dar a ele os retornos de todos os seus investimentos na empresa.

5. **O papel dos gestores e executivos está mudando rapidamente.** Eles estão se transformando em líderes democráticos e incentivadores. O tradicional papel gerencial de pensar e de comandar pessoas foi bom para uma época que já passou: a Era Industrial. O comando autocrático e impositivo de um lado e a obediência cega de outro funcionaram bem em uma época de manutenção do *status quo*, na qual a mudança era lenta e contínua. A área de RH tradicional era centralizadora e monopolizadora: selecionava, treinava, avaliava e remunerava de acordo com suas políticas e processos internos. Agora, quem cuida disso são os executivos: os atuais gestores de pessoas. O RH sofreu uma metamorfose de órgão executor e operacional para constituir uma equipe estratégica de consultoria interna. Lidar com pessoas tornou-se uma responsabilidade de linha e uma função de *staff*.

6. **O desenvolvimento de pessoas deixou de ser uma tarefa exclusiva da área de treinamento e desenvolvimento (T&D) para se transformar em uma preocupação holística na organização.** A gestão do conhecimento e das competências, a criação de universidades corporativas, a transformação das empresas em organizações de aprendizagem são decorrências típicas dessa transformação. Um verdadeiro mutirão de esforços conjuntos e integrados para incrementar a aprendizagem organizacional.

7. **Cada executivo passou a ser inserido no esforço conjunto de desenvolver continuamente o talento humano.** Aumentar e aplicar o capital humano passou a ser uma obsessão das empresas competitivas. E isso passou a ser totalmente descentralizado por toda a organização. Uma tarefa de todos.[38]

Essa é a nova face do RH ou da GH. E as mudanças estão caminhando cada vez mais rápido. O RH precisa ser o catalisador das mudanças que estão acontecendo nas organizações. E ele tem tudo para isso: os principais ativos intangíveis da empresa estão sob a sua batuta.

 Acesse um caso sobre **O HP Way** na seção *Caso de apoio* ARH 2.1

RESUMO

As pessoas constituem o mais valioso dos recursos da organização. O dilema do RH é: tratar as pessoas como pessoas (dotadas de características próprias de personalidade, motivações, valores pessoais, competências etc.) ou como recursos (dotadas de habilidades, capacidades e conhecimentos etc.). A primeira opção está vencendo a segunda. Como as organizações são compostas de pessoas, o estudo das pessoas é fundamental para o seu sucesso. E a área de RH está sendo reimaginada nos novos tempos digitais ingressando na quarta Revolução Industrial: a era do físico conectado ao virtual.

Para se compreender o comportamento das pessoas, é necessário entender que elas vivem e se comportam em um "campo psicológico" e que procuram reduzir suas dissonâncias em relação ao seu ambiente. Além disso, o estudo do comportamento humano deve considerar a complexa natureza do homem – ser transacional, voltado para objetivos e atuando como um sistema aberto. Entre os fatores internos e externos que influenciam o comportamento humano está a motivação humana; o comportamento pode ser explicado por meio do ciclo motivacional que se completa com a satisfação, ou frustração, ou ainda com a compensação de necessidades humanas. As necessidades humanas podem ser classificadas em uma hierarquia, em que as necessidades primárias estão na base (necessidades fisiológicas e de segurança), enquanto as necessidades secundárias (necessidades sociais, de estima e de autorrealização) estão no topo. Essas necessidades atuam simultaneamente, com a prevalência das secundárias ou superiores. Por outro lado, a motivação pode ser explicada pela influência de dois fatores: os fatores higiênicos ou insatisfacientes e os fatores motivacionais ou satisfacientes. Porém, a motivação ainda pode ser explicada por meio de um modelo contingencial: a motivação para produzir depende da instrumentalidade dos resultados intermediários (produtividade, por exemplo) em relação aos resultados finais (dinheiro, benefícios, promoção etc.). Porém, o estado motivacional das pessoas produz o clima organizacional e é por este influenciado. Em função disso tudo, o comportamento humano nas organizações apresenta características importantes para a área de GH, e o fato de o homem ser uma entidade complexa traz grandes complicações à área de GH.

TÓPICOS PRINCIPAIS

Campo psicológico	Ciclo motivacional	Dissonância cognitiva
Consonância	Hierarquia de necessidades	Motivação
Necessidades	Frustração	Satisfação
Compensação	Fatores higiênicos	Fatores motivacionais
Percepção		

QUESTÕES PARA DISCUSSÃO

1. Explique a teoria de campo.
2. Explique a teoria da dissonância cognitiva.
3. Explique a natureza complexa do homem.
4. Defina e explique o ciclo motivacional e sua resolução em termos de satisfação, frustração ou compensação.
5. Explique a hierarquia das necessidades e sua dinâmica.
6. Explique a teoria dos dois fatores.
7. Explique o modelo contingencial de motivação.
8. O que significa instrumentalidade? Valência? Resultados intermediários e resultados finais?
9. Explique o clima organizacional.
10. Dê algumas características do comportamento humano nas organizações.
11. Explique a concepção do homem complexo.

REFERÊNCIAS

1. DAVENPORT, T. H.; PRUZAK, L. *Conhecimento empresarial*: como as organizações gerenciam o seu capital intelectual. Rio de Janeiro: Campus, 1998.

2. CHARAN, R. Mestres em talentos. *HSM*, jul/ago, 2010.

3. Adaptada de: HICKS, H. G.; GULLETT, C. R. *The management of organizations*. New York: McGraw-Hill, 1976, p. 156.

4. LEWIN, K. *Principles of topological psychology*. New: York: McGraw-Hill, 1936.

5. FESTINGER, L. A. *Theory of cognitive dissonance*. Stanford: Stanford University Press, 1957.

6. THOMPSON, J. D.; VAN HOUTEN, D. D. *As ciências do comportamento*: uma interpretação. São Paulo: Atlas, 1975. p. 30.

7. Adaptado de: DUBRIN, A. J. *Fundamentals of organizational behavior*: an applied perspective. New York: Pergamon Press, 1974. p. 241.

8. KAST, F. E.; ROSENZWEIG, J. E. *Organization and management*: a systems approach. Tóquio: McGraw-Hill Kogakusha, 1970. p. 245.

9. KRECH, D.; CRUTCHFIELD, R. S.; BALLACHEY, E. L. *Individual in society*. New York: McGraw-Hill, 1962. p. 17.

10. CHIAVENATO, I. *Comportamento organizacional*. 4. ed. São Paulo: Atlas, 2021.

11. Adaptada de: LEAVITT, H. J. *Managerial psychology*. Chicago: The University of Chicago Press, 1964, p. 9..

12. MASLOW, A. H. A theory of human motivation. *Psychological Review*, p. 370-396, July 1943.

13. HERZBERG, F.; MAUSNER, B.; SNYDERMAN, B. B. *The motivation to work*. New York: John Wiley, 1959.

14. HERZBERG, F.; MAUSNER, B.; SNYDERMAN, B. B. *The motivation to work, op. cit.*

15. KORMAN, A. K. *Industrial and organizational psychology*. Englewood Cliffs: Prentice Hall, 1971. p. 147.

16. Adaptada de: DAVIS, K. *Human behavior at work*: human relations and organizational behavior. New York: McGraw-Hill, 1977. p. 59.

17 VROOM, V. H. *Work and motivation*. New York: John Wiley & Sons, 1964.

18 HELLRIEGEL, D.; SLOCUM JR., J. W. *Management*: a contingency approach. Reading: Addison-Wesley, 1974. p. 321.

19 LAWLER III, E. E. *Pay and organizational effectiveness*. New York: McGraw-Hill, 1971. *Vide* também: PORTER, L. W.; LAWLER III, E. E. *Managerial attitudes and performance*. Homewood: The Irwin Dorsey, 1968. PORTER, L. W.; LAWLER III, E. E.; HACKMAN, J. R. *Behavior in organizations*. New York: McGraw-Hill, 1975. Cap. 12.

20 LAWLER III, E. E. *Pay and organizational effectiveness, op. cit.*

21 MENTAL HEALTH IS 1 – 2 – 3. National Association for Mental Health, New York 10. Columbus Circle, 1990.

22 ATKINSON, J. W. *An introduction to motivation*. Princeton: Van Nostrand, 1964. p. 240-314.

23 LITWIN, G. H. Climate and motivation: an experimental study. *In*: KOLB, D. A.; RUBIN, I. M.; McINTYRE, James M. *Organizational psychology*: a book of readings. Englewood Cliffs: Prentice Hall, 1971. p. 111.

24 SHANNON, C. E.; WEAVER, W. *The mathematical theory of communication*. Urbana, Ill.: University of Illinois Press, 1949.

25 CHIAVENATO, I. *Introdução à teoria geral da administração*. 10. ed. São Paulo: Atlas, 2020. p. 264.

26 MASSARICK, F.; WESCHLER, I. R. Empathy revisited: the process of understanding people. *In*: KOLB, D. A.: RUBIN, I. M.; McINTYRE, J. M. *Organizational psychology*: a book of readings. Englewood Cliffs: Prentice Hall, 1971. p. 189-190.

27 MASSARICK, F.; WESCHLER, I. R. *Empathy revisited*: the process of understanding people, *op. cit.*, p. 190.

28 ZALKING, S. S.; COSTELLO, T. W. Perception: implications for administration. *In*: KOLB, D. A.; RUBIN, I. M.; McINTYRE, J. M. *Organizational psychology*: a book of readings, *op. cit.*, p. 205-207.

29 PORTER, L. W.; LAWLER III, E. E.; HACKMAN, J. R. *Behavior in organizations*. New York: McGraw--Hill, 1975. p. 32-65.

30 LAWRENCE, P. R.; LORSCH, J. W. *As empresas e o ambiente*: diferenciação e integração administrativas. Petrópolis: Vozes, 1973.

31 SCHEIN, E. H. *Organizacional psychology*. Englewood Cliffs: Prentice Hall, 1970.

32 SCHEIN, E. H. *Organizational psychology, op. cit.*, p. 60-61.

33 LAWRENCE, P. R.; LORSCH, J. W. *O desenvolvimento de organizações*: diagnóstico e ação. São Paulo: Edgard Blücher, 1972. p. 77.

34 LAWRENCE, P. R.; LORSCH, J. W. *O desenvolvimento de organizações*: diagnóstico e ação. São Paulo: Edgard Blücher, 1972. p. 77..

35 CHIAVENATO, I. *Coaching & mentoring*: construção de talentos. 4. ed. São Paulo: Atlas, 2021. p. 9.

36 CHIAVENATO, I. *Coaching & mentoring*: construção de talentos, *op. cit.*, p. 49-50.

37 CHIAVENATO, I. *Como transformar RH – de um centro de despesa – em um centro de lucro*. São Paulo: Markron/Pearson, 2000. p. 36-63.

38 CHIAVENATO, I. *Gestão de pessoas*: o novo papel das pessoas nas organizações. 5. ed. São Paulo: Atlas, 2020. p. 5-29.

3 AS PESSOAS E AS ORGANIZAÇÕES

OBJETIVOS DE APRENDIZAGEM

- Discutir o relacionamento entre pessoas e organizações.
- Indicar formas de melhorar as relações de intercâmbio.
- Entender a cultura corporativa.

O QUE VEREMOS ADIANTE

- Reciprocidade entre indivíduo e organização.
- Relações de intercâmbio.
- Cultura organizacional.

CASO INTRODUTÓRIO
O desafio de Bruno

O maior desafio de Guilherme Bruno – gerente de GH da Brenante – é transformar a sua empresa no melhor lugar para se trabalhar. Para tanto, Bruno sabe que precisa atuar em três frentes. A primeira frente é do lado da empresa: melhorar a estrutura organizacional e organizar o trabalho de maneira criativa e inovadora por meio de equipes. A segunda frente é renovar e revitalizar a cultura da organização para incentivar um clima democrático e participativo na empresa. A terceira frente é do lado das pessoas: capacitá-las para que aprendam novas habilidades, adquiram novas competências e atitudes para que seu comportamento se torne mais social, criativo e inovador. Por onde começar?

INTRODUÇÃO

Para ultrapassar suas limitações individuais, as pessoas agrupam-se para formarem ou participarem de organizações a fim de alcançarem objetivos comuns. Na medida em que as organizações são bem-sucedidas, elas sobrevivem ou crescem. E, ao crescerem, passam a requerer maior número de pessoas para planejamento, organização e execução de suas atividades. Assim, pessoas e organizações formam uma dupla invencível. Contudo, ao ingressarem nas organizações, as pessoas perseguem objetivos individuais diferentes daqueles que formaram originalmente as organizações. Isso faz com que gradativamente os objetivos organizacionais se distanciem dos objetivos individuais dos novos participantes.

E a integração entre o indivíduo e a organização não é um desafio recente.

SAIBA MAIS — Sobre a história das preocupações sobre o indivíduo e a organização

As primeiras preocupações sobre o indivíduo e a organização surgiram com os antigos filósofos gregos. Max Weber levantou a hipótese de que a organização pode destruir a personalidade individual com a imposição de regras e procedimentos no sentido de despersonalizar o relacionamento das pessoas.[1] Mayo[2] e Roethlisberger[3] analisaram o impacto causado pela organização industrial e pelo sistema de autoridade unilateral sobre o indivíduo. Criticaram a "abordagem molecular" e desumana imposta pela administração científica de Taylor e seguidores. Aos poucos, essa abordagem – centrada na tarefa e no método – foi cedendo lugar à abordagem humanística – centrada no homem e no grupo social. A ênfase dada à tecnologia cedeu lugar à ênfase dada às relações humanas. Essa tentativa de mudança radical deu-se por volta da década de 1930.[4] De lá para cá, percebeu-se a existência do conflito industrial, ou seja, a existência de interesses antagônicos entre o trabalhador e a organização e a necessidade de buscar harmonia baseada em uma mentalidade voltada para as relações humanas. Muita coisa foi escrita e quase nada foi feito.

Assim, tanto os indivíduos como as organizações têm objetivos diferentes a alcançar. As organizações recrutam e selecionam pessoas para, com elas e por meio delas, alcançarem seus objetivos organizacionais (produção, rentabilidade, redução de custos, ampliação do mercado, satisfação das necessidades da clientela etc.). Todavia, as pessoas, uma vez recrutadas e selecionadas, têm objetivos individuais que lutam para atingir e, muitas vezes, servem-se da organização como o meio necessário para consegui-los.

Capítulo 3 – As pessoas e as organizações

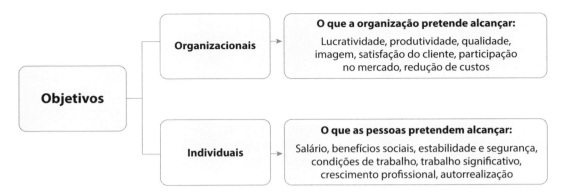

Figura 3.1 Objetivos organizacionais e objetivos individuais das pessoas.

A interação entre pessoas e organizações é um tema complexo e dinâmico e pode ser visualizado de diferentes maneiras. Barnard[5] faz interessante distinção

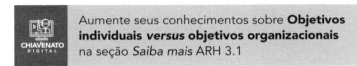

entre eficiência e eficácia quanto aos resultados da interação entre pessoas e organização. Para ele, toda pessoa precisa ser eficiente para satisfazer às suas necessidades individuais mediante sua participação na organização, mas também precisa ser eficaz para atingir os objetivos organizacionais por meio de sua participação. Essa dupla preocupação pode ser mostrada na Figura 3.2.

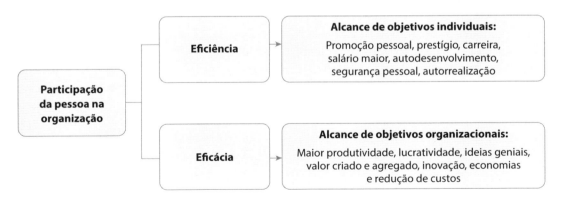

Figura 3.2 Eficiência e eficácia segundo Barnard.

> **SAIBA MAIS** — **Sobre eficiência e eficácia segundo Barnard**
>
> Segundo o enfoque de Barnard, de nada adianta ser somente eficiente, pois o indivíduo será avaliado negativamente pela organização por lutar apenas por seus próprios interesses pessoais e terá seus dias contados. Ao contrário, o indivíduo somente eficaz produz resultados para a organização à custa de seus interesses pessoais, sacrificando família e compromissos sociais. É preciso ser eficaz para proporcionar resultados à organização e eficiente para progredir pessoalmente na vida. A parcela maior de responsabilidade pela integração entre os objetivos organizacionais e os objetivos dos indivíduos recai sobre a alta administração.[6] É ela quem deve estabelecer meios, políticas, critérios e tudo o mais para que isso possa acontecer. A organização depende de pessoas, recurso indispensável e inestimável. Assim, a interdependência de necessidades da organização e do indivíduo é imensa, pois tanto as vidas como os objetivos de ambos estão inseparavelmente ligados e entrelaçados.

Etzioni[7] aponta como o dilema crucial da organização as tensões inevitáveis – que podem ser reduzidas, mas não eliminadas – entre as necessidades da organização e as de seu pessoal, entre a racionalidade e a irracionalidade, entre a disciplina e a autonomia, entre as relações formais e as informais, entre a administração e os trabalhadores. Em outro livro, Etzioni coloca como problema fundamental a busca de equilíbrio entre os elementos racionais e não racionais do comportamento humano. Este, segundo ele, constitui o problema central da teoria organizacional.[8]

3.1 RECIPROCIDADE ENTRE INDIVÍDUO E ORGANIZAÇÃO

A interação psicológica entre empregado e organização é basicamente um processo de reciprocidade:[9] A organização realiza certas coisas para e pelo participante, remunera-o, dá-lhe segurança e *status*; reciprocamente, o participante responde trabalhando e desempenhando suas tarefas. A organização espera que o empregado obedeça à sua autoridade, e, por seu turno, o empregado espera que a organização se comporte corretamente com ele e opere com justiça. A organização reforça sua expectação por meio do uso da autoridade e do poder de que dispõe, enquanto o empregado reforça sua expectação por meio de certas tentativas de influir na organização ou de limitar sua participação. Ambas as partes da interação estão orientadas por diretrizes que definem o que é correto e equitativo e o que não é.[10] Alguns sociólogos referem-se a uma "norma de reciprocidade",[11] enquanto alguns psicólogos chamam a isso "contrato psicológico".

Todo contrato apresenta dois aspectos fundamentais:[12]

1. **Contrato formal e escrito**: é um acordo assinado com relação ao cargo a ser ocupado, ao conteúdo do trabalho, ao horário, ao salário etc.
2. **Contrato psicológico**: é um acordo nem sempre negociado e esclarecido ou uma expectativa informal que a organização e o indivíduo esperam realizar e ganhar com o novo relacionamento.

O contrato psicológico refere-se à expectativa recíproca, do indivíduo e da organização, de estender-se muito além de qualquer contrato formal de emprego que estabeleça o trabalho a ser realizado e a recompensa a ser recebida. Embora não exista acordo formal ou algo claramente dito, o contrato psicológico é um entendimento tácito entre indivíduo e organização no sentido de que uma vasta gama de direitos, privilégios e obrigações consagrados pelo uso serão respeitados pelas partes. O contrato psicológico é um elemento importante em qualquer relação de trabalho e influencia o comportamento das partes. Contrato é uma espécie de acordo ou expectativa que as pessoas mantêm com elas mesmas e com os outros. Cada pessoa representa seus próprios contratos, que regem tanto as relações interpessoais, como o relacionamento que ela mantém consigo mesma (relações intrapessoais). Uma fonte comum de dificuldades nos relacionamentos interpessoais é a falta de acordos explícitos e claros. As pessoas nem sempre dizem aberta e explicitamente o que querem e do que precisam. O esclarecimento dos contratos, tanto nas relações intrapessoais como nas interpessoais, é importante para a efetiva vivência interpessoal. É importante tanto para a organização como para o indivíduo que ambos explorem os dois aspectos do contrato, e não apenas o formal.

Assim, as expectativas recíprocas – das organizações e das pessoas –, quando bem atendidas, conduzem a uma melhoria incrível no relacionamento entre ambas as partes. Na prática, as expectativas das pessoas em relação à organização e as expectativas da organização em relação às pessoas podem ser sumarizadas no Quadro 3.1.

Aumente seus conhecimentos sobre **Contrato psicológico** na seção *Saiba mais* ARH 3.2

Quadro 3.1 Expectativas das pessoas e das organizações[13]

O que as pessoas esperam da organização	O que a organização espera das pessoas
■ Um excelente lugar para trabalhar ■ Oportunidade de crescimento: educação e carreira ■ Reconhecimento e recompensas: salário, benefícios e incentivos ■ Liberdade, autonomia e empoderamento ■ Apoio e suporte: liderança renovadora ■ Empregabilidade e desenvolvimento profissional ■ Camaradagem e coleguismo ■ Qualidade de vida no trabalho ■ Participação ativa nas decisões ■ Divertimento, alegria e satisfação	■ Foco na missão organizacional ■ Foco na visão de futuro da organização ■ Foco no cliente, seja ele interno ou externo ■ Foco em metas e resultados a alcançar ■ Foco em melhoria e desenvolvimento contínuo ■ Foco no trabalho participativo em equipe ■ Comprometimento e dedicação ■ Talento, habilidades e competências ■ Aprendizado constante e crescimento profissional ■ Ética e responsabilidade social

3.2 RELAÇÕES DE INTERCÂMBIO

Todo sistema social pode ser encarado em termos de grupos de pessoas ocupadas com o intercâmbio de seus recursos com base em certas expectativas. Esses recursos são constantemente permutados e, sem dúvida, não se limitam a recursos materiais, pois abrangem ideias, sentimentos, habilidades e valores. Além disso, no intercâmbio de recursos dentro dos sistemas sociais, desenvolvem-se contratos psicológicos entre pessoas e sistemas, entre pessoas e grupos e sistemas e subsistemas, onde prevalece o sentimento de reciprocidade: cada um avalia o que está oferecendo e o que está recebendo em troca. Nesse intercâmbio de recursos, se desaparecer ou diminuir o sentimento de reciprocidade, ocorre uma modificação dentro do sistema.

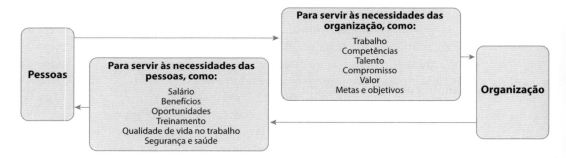

Figura 3.3 Relações de intercâmbio entre pessoas e organizações.

De modo mais amplo, o objetivo básico de toda organização é atender às suas próprias necessidades e, ao mesmo tempo, atender às necessidades da sociedade por meio da produção de bens ou serviços, pelos quais recebe compensação monetária. As pessoas formam uma organização ou se engajam em algumas delas porque esperam que sua participação satisfaça algumas necessidades pessoais. Para obter isso, as pessoas estão dispostas a incorrer em certos custos ou a fazer certos investimentos pessoais (esforços) na organização, pois esperam que a satisfação de suas necessidades pessoais seja maior do que os custos envolvidos e avaliam suas realizações esperadas e os custos por meio de seus sistemas de valores.

Essas expectativas, quando equilibradas, podem ser expressas mediante a seguinte equação:[14]

$$\text{Satisfações} - \text{custos} = 0$$

Ou então:

$$\frac{\text{Satisfações}}{\text{Custos}} = 1$$

Sempre existe relação de intercâmbio entre os indivíduos e a organização. O modo pelo qual os objetivos individuais são satisfeitos determina sua percepção do relacionamento, que poderá ser observado como satisfatório para as pessoas que percebem que suas recompensas excederam as demandas feitas sobre elas. O indivíduo ingressa na organização quando espera que suas satisfações pessoais sejam maiores que seus esforços pessoais. Se ele acredita que seus esforços pessoais ultrapassem as satisfações, torna-se propenso a abandonar a organização, se possível.

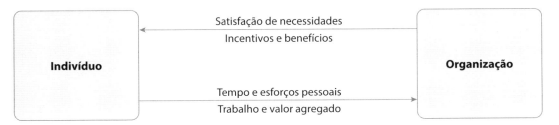

Figura 3.4 Participação do indivíduo: custos e benefícios pessoais no relacionamento com a organização.

Ao mesmo tempo, a organização espera que a contribuição de cada indivíduo ultrapasse os custos de manter pessoas. Em outros termos, a organização espera que os indivíduos contribuam mais do que ela lhes dá.

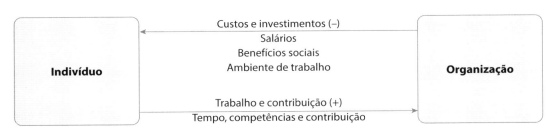

Trabalho − custos = 0

Figura 3.5 Percepção da organização: benefícios e custos de manter as pessoas como membros da organização.

 Sobre o custo/benefício dos investimentos

Na realidade, cada parte faz seus investimentos e espera que a outra lhe proporcione os retornos desejados. E aí passa a avaliar o custo/benefício, o investimento/retorno nesse processo de intercâmbio. Trata-se principalmente de um problema de comunicação e de negociação: cada parte precisa comunicar claramente à outra aquilo que pode e pretende investir e o quanto pretende obter de retorno.

3.2.1 Conceito de incentivos e contribuições

A interação entre pessoas e organizações pode ser explicada pela troca de incentivos e contribuições. Como a organização é um sistema cooperativo racional, torna-se necessário conhecer os motivos que levam os indivíduos a cooperar. Os indivíduos estão dispostos a cooperar sempre que as suas atividades dentro da organização contribuam diretamente para os seus próprios objetivos pessoais. Daí, decorrem os conceitos de incentivos e de contribuições:

a. **Incentivos (alicientes):** são "pagamentos" feitos pela organização aos seus participantes (salários, prêmios, benefícios sociais, oportunidades de crescimento, segurança no emprego, supervisão aberta, elogios etc.). Em troca de contribuições, cada incentivo tem um valor de utilidade que é subjetivo, pois varia de indivíduo para indivíduo: o que é útil para um indivíduo pode ser inútil para outro. Os incentivos são também chamados alicientes, recompensas ou induzimentos.

b. **Contribuições**: são "pagamentos" que cada participante efetua à organização a que está ligado (trabalho, esforço, dedicação, pontualidade, assiduidade, esmero, elogios à organização etc.). Em troca de incentivos, cada contribuição tem um valor de utilidade que varia conforme a organização: uma contribuição de um indivíduo pode ter enorme utilidade para uma organização e pode ser totalmente inútil para outra organização.

Do conceito de incentivos e contribuições decorre o conceito de equilíbrio organizacional:[15]

a. A organização é um sistema de comportamentos sociais inter-relacionados de numerosas pessoas, que são os participantes dela.
b. Cada participante recebe incentivos (recompensas) em troca dos quais faz contribuições à organização.
c. Todo participante somente manterá sua participação na organização enquanto os incentivos (recompensas) que lhe são oferecidos forem iguais ou maiores (medidos em termos dos valores que representam para o participante e das alternativas que se lhe oferecem) do que as contribuições que lhe são exigidas.
d. As contribuições trazidas pelos vários grupos de participantes constituem a fonte na qual a organização se supre e se alimenta dos incentivos que oferece a eles.
e. A organização será solvente e continuará existindo somente enquanto as contribuições foram suficientes para proporcionar incentivos em quantidade bastante para induzir os participantes à prestação de contribuições.[16]

Aumente seus conhecimentos sobre **Equilíbrio organizacional** na seção *Saiba mais* ARH 3.3

3.3 CULTURA ORGANIZACIONAL

Cada organização tem a sua cultura organizacional ou cultura corporativa. Para se conhecer uma organização, o primeiro passo é conhecer a sua cultura. Fazer parte de uma organização significa assimilar e vivenciar a sua cultura. Viver em uma organização, trabalhar nela, atuar em suas atividades, desenvolver carreira nela é participar intimamente de sua cultura organizacional. O modo como as pessoas interagem em uma organização, as atitudes predominantes, as pressuposições subjacentes, as aspirações e os assuntos relevantes nas interações entre os membros fazem parte integrante da cultura da organização.

A cultura organizacional representa as normas informais e não escritas que orientam o comportamento dos membros de uma organização no dia a dia e que direcionam suas ações para a realização dos objetivos organizacionais.[17] Ela é o

Acesse conteúdo sobre **O que faz a diferença?** na seção *Tendências* em GH 3.1

conjunto de hábitos e crenças estabelecido por meio de normas, valores, atitudes e expectativas compartilhados por todos os membros da organização. A cultura espelha a mentalidade que predomina em uma organização.[18] Para Schein, a cultura organizacional é um padrão de aspectos básicos compartilhados – inventados, descobertos ou desenvolvidos por determinado grupo que aprende a enfrentar seus problemas de adaptação externa e integração interna – e que funciona bem a ponto de ser considerado válido e desejável para ser transmitido aos novos membros como a maneira correta de perceber, pensar e sentir em relação àqueles problemas.[19]

A cultura organizacional não é algo palpável. Ela não é percebida ou observada em si mesma, mas mediante seus efeitos e consequências. Nesse sentido, ela lembra um *iceberg*. Na parte superior, que fica acima do nível da água, estão os aspectos visíveis e superficiais, que são observados nas organizações e que são decorrências da sua cultura. Quase sempre são as decorrências físicas e concretas da cultura, como o tipo de edifício, cores utilizadas, espaços, tipo de salas e mesas, métodos e procedimentos de trabalho, tecnologias utilizadas, títulos e descrições de cargos, políticas de gestão de pessoas. Na parte submersa estão os aspectos invisíveis e profundos, cuja observação ou percepção é mais difícil. Nessa parte estão as decorrências e os aspectos psicológicos e sociológicos da cultura.[20]

Figura 3.6 *Iceberg* da cultura organizacional.[21]

A comparação com um *iceberg* tem uma razão evidente: a cultura organizacional apresenta várias camadas com diferentes níveis de profundidade e arraigamento. Para se conhecer a cultura de uma organização, torna-se necessário conhecê-la profundamente em todos esses níveis. A Figura 3.7 é autoexplicativa e proporciona clara compreensão das diversas camadas da cultura organizacional.

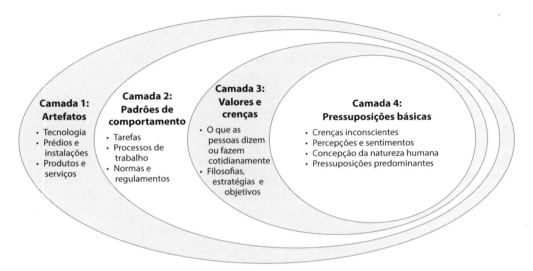

Figura 3.7 As diversas camadas da cultura organizacional.[22]

Quanto mais profunda a camada, tanto maior a dificuldade de mudar ou transformar a cultura. A primeira camada – a dos artefatos que caracterizam fisicamente a organização – é a mais fácil de mudar, pois é constituída por aspectos físicos e concretos, como instalações físicas, fábricas, escritórios ou lojas, móveis e coisas que podem ser mudadas sem maiores problemas. Na medida em que se aprofunda nas outras camadas, a dificuldade de mudar torna-se cada vez maior. Na camada mais profunda – a das pressuposições básicas –, a mudança cultural é mais difícil, problemática e demorada.

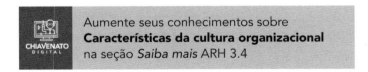

3.3.1 Clima organizacional

É a temperatura – calor ou frieza – existente na cultura da organização. Como decorrência do conceito de motivação – em nível individual –, surge o conceito de clima organizacional – ao nível da organização – como importante aspecto do relacionamento entre pessoas e organizações. Vimos que as pessoas estão continuamente engajadas no processo de ajustamento a uma variedade de situações no sentido de satisfazer suas necessidades e manter certo equilíbrio individual. Tal ajustamento não se restringe apenas à satisfação das necessidades fisiológicas e de segurança – as chamadas necessidades vegetativas –, mas envolve também a satisfação das necessidades sociais, de estima e de autorrealização – as chamadas necessidades superiores. Como a satisfação das necessidades superiores depende muito de outras pessoas, especialmente daquelas que ocupam posições de autoridade, torna-se importante compreender a natureza do ajustamento ou desajustamento das pessoas. O ajustamento, tal como qualquer outra característica de personalidade, varia de uma pessoa para outra e, no mesmo indivíduo, varia de um momento para outro. Essa variação pode ser entendida como um *continuum* que vai desde um precário ajustamento em um extremo até um excelente ajustamento no outro extremo. Um bom ajustamento significa "saúde mental". As três principais características das pessoas mentalmente sadias são as seguintes:

1. As pessoas sentem-se bem consigo mesmas.
2. Elas sentem-se bem em relação às outras pessoas.
3. Elas são capazes de enfrentar por si mesmas as demandas da vida e das situações.

O clima organizacional está intimamente relacionado com a motivação dos membros da organização. Quando há elevada motivação entre os participantes, o clima organizacional tende a ser elevado e proporciona relações de satisfação, de animação, de interesse e de colaboração entre os participantes. Todavia, quando há baixa motivação entre os membros, seja por frustração ou por barreiras à satisfação das necessidades individuais, o clima organizacional tende a baixar. O clima organizacional baixo é caracterizado por estados de desinteresse, apatia, insatisfação, depressão, podendo, em casos extremos, chegar a estados de inconformidade, agressividade, tumulto, típicos de situações em que os membros confrontam aberta e ostensivamente a organização (como nos casos de greves, piquetes etc.).

Assim, o clima organizacional representa o ambiente interno existente entre os membros da organização e está intimamente relacionado com o grau de motivação existente. Pode variar no *continuum* expresso na Figura 3.8.

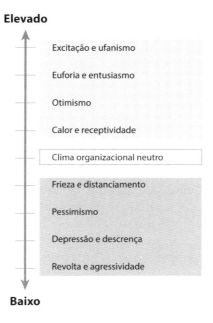

Figura 3.8 *Continuum* de níveis do clima organizacional.

O conceito de clima organizacional traduz a influência do ambiente interno sobre a motivação dos participantes. Assim, ele pode ser descrito como a qualidade ou propriedade do ambiente organizacional que é percebida ou experimentada pelos membros da organização e que influencia seu comportamento. O termo refere-se especificamente às propriedades motivacionais do ambiente organizacional, ou seja, aos aspectos da organização que provocam diferentes tipos de motivação em seus participantes. O clima organizacional é alto e favorável em situações que proporcionam satisfação das necessidades pessoais e elevação do moral. É baixo e desfavorável em situações que proporcionam a frustração daquelas necessidades. No fundo, o clima organizacional influencia o estado motivacional das pessoas e é por ele influenciado: é como se houvesse retroação recíproca entre o estado motivacional das pessoas e o clima organizacional.

VOLTANDO AO CASO INTRODUTÓRIO
O desafio de Bruno

Guilherme Bruno achou melhor atacar simultaneamente as três frentes de atuação. Isso significa fazer mudanças na organização do trabalho, mudanças na cultura e mentalidade dos gerentes e mudar a cabeça e as habilidades dos funcionários. Para realizar essa tripla proeza, Bruno precisa contar com o apoio de toda a direção da empresa. Esse suporte é imprescindível para conseguir realizar tais mudanças com sucesso. Como poderia Bruno convencer a diretoria de que o seu plano irá melhorar o desempenho da empresa?

O relacionamento entre pessoas e organizações está mudando rapidamente com os novos tempos. Preste atenção nisso!

Acesse um caso sobre **Natura: a fábrica transformada em comunidade** na seção *Caso de apoio* ARH 3.1

RESUMO

As pessoas agrupam-se para formar organizações e por meio delas alcançar objetivos comuns que seriam impossíveis de atingir individualmente. As organizações que alcançam aqueles objetivos compartilhados, isto é, as organizações bem-sucedidas tendem a crescer. E esse crescimento exige maior número de pessoas, cada qual com outros objetivos individuais. Isso provoca um crescente distanciamento entre os objetivos organizacionais (que eram comuns para aqueles que formaram a organização) e os objetivos individuais dos novos participantes. Para ultrapassar o possível conflito potencial entre esses objetivos, a interação entre pessoas e organizações torna-se complexa e dinâmica. Essa interação funciona como um processo de reciprocidade baseado em um contrato psicológico, recheado de expectativas recíprocas que regem as relações de intercâmbio entre pessoas e organizações. De um lado, as organizações oferecem incentivos ou alicientes, enquanto as pessoas oferecem contribuições. O equilíbrio organizacional depende do intercâmbio entre os incentivos oferecidos e as contribuições como retorno à organização.

TÓPICOS PRINCIPAIS

Conflito	Contrato psicológico	Cultura organizacional
Objetivos individuais	Objetivos organizacionais	Relações de intercâmbio
Reciprocidade		

QUESTÕES PARA DISCUSSÃO

1. Por que existe conflito entre objetivos organizacionais e objetivos individuais?

2. Explique o processo de reciprocidade na interação entre pessoas e organizações.

3. O que é contato psicológico?

4. Explique as relações de intercâmbio.

5. O que são incentivos e contribuições?

6. Explique o conceito de equilíbrio organizacional.

REFERÊNCIAS

1. GOULDNER, A. W. Organizational analysis. *In*: MERTON, R. K.; BROOM, L.; COTTRELL, L. S. (orgs.). *Sociology today*. New York: Basic Books, 1959. p. 402.

2. MAYO, E. *The human problems of industrial civilization*. Boston: Harvard University Press, 1933.

3. ROETHLISBERGER, F. J.; DICKSON, W. J. *Management and the worker*. Cambridge: Harvard University Press, 1939.

4. CHIAVENATO, I. *Introdução à teoria geral da administração*. 10. ed. São Paulo: Atlas, 2020. p. 63-64.

5. BARNARD, C. I. *As funções do executivo*. São Paulo: Atlas, 1971. p. 286.

6. LEVINSON, H. Reciprocation: the relationship between man and organization. *Administrative Science Quarterly*, v. 9, n. 4, p. 373, March 1965.

7. ETZIONI, A. *Organizações modernas*. São Paulo: Pioneira, 1967. p. 68.

8. ETZIONI, A. *Organizações complexas, op. cit*, p. 15.

9. LEVINSON, H. Reciprocation: the relationship between man and organization, *Administrative Science Quarterly*, v. 9, n. 4, p. 373, march 1965.

10. JAQUES, E. *Equitable payment*. New York: John Willey & Sons, 1961.

11. GOULDNER, A. W. The norm of reciprocity. *American Sociological Review*, n. 25, p. 161-178, 1960.

12. SCHEIN, E. H. *Consultoria de procedimentos*: seu papel no desenvolvimento organizacional. São Paulo: Edgard Blücher, 1972. p. 89.

13. CHIAVENATO, I. *Comportamento organizacional*: a dinâmica do sucesso das organizações. 4. ed. São Paulo: Atlas, 2021. p. 34-36.

14. HICKS, H. G.; GULLETT, C. R. *The management of organizations*. New York: McGraw-Hill, 1976. p. 5-6.

15. MARCH, J. G.; SIMON, H. A. *Teoria das organizações*. Rio de Janeiro: Fundação Getulio Vargas, 1966, p. 104.

16. *Idem, ibidem.*

17. CHIAVENATO, I. *Administração nos novos tempos*. 4. ed. São Paulo: Atlas, 2021. p. 80.

18. *Idem,* p. 172-173.

19. SCHEIN, E. *Organizational culture and leadership*. São Francisco: Jossey-Bass, 1992.

20. CHIAVENATO, I. *Comportamento organizacional, op. cit.*, p. 100-101.

21. CHIAVENATO, I. *Administração nos novos tempos, op. cit.*, p. 81.

22. Adaptada de: HUNT, J. *Leadership*: a new synthesis. Thousand Oaks: Sage, 1991. p. 221.

4 A GESTÃO HUMANA

OBJETIVOS DE APRENDIZAGEM

- Mostrar as características – multivariadas e contingenciais – da GH.
- GH como um processo de responsabilidade de cada gestor.
- Indicar políticas e objetivos de GH.

O QUE VEREMOS ADIANTE

- O caráter multivariado da GH.
- O caráter contingencial da GH.
- GH como responsabilidade de linha e função de *staff*.
- GH como um processo.
- Políticas de GH.
- Objetivos do GH.
- Dificuldades básicas da GH.

 CASO INTRODUTÓRIO
A transformação da GH na Constelação Libra

Helena Gonzalez foi recentemente admitida como Vice-Presidente de GH da Constelação Libra, importante indústria de cosméticos. A direção da empresa vinha se queixando de que a área de GH era extremamente conservadora e nada agregava aos objetivos da organização. Helena quer transformar a GH, de uma área operacional e burocrática, em uma área estratégica e inovadora. Como Helena deveria explicar essa transformação à diretoria da empresa?

INTRODUÇÃO

Lidar com pessoas exige postura elegante, humana, sensível e carinhosa. Uma simples questão de dar e receber, abraçar para ser abraçado, dar carinho para então recebê-lo em contrapartida, abrir as portas para ser bem recepcionado. A Gestão Humana (GH) é uma área de estudos interdisciplinar e relativamente nova, mas que passou e está passando por profundas mudanças e transformações. Seu papel está se ampliando e se tornando cada vez mais estratégico e tático e menos operacional. E seus objetivos estão focando cada vez mais o negócio da organização e introduzindo vantagens competitivas por meio de criação, desenvolvimento, compartilhamento e aplicação do conhecimento corporativo na forma de competências essenciais e vantagens competitivas ao sucesso do negócio. Cada vez mais, a GH está lidando com ativos intangíveis que não somente fazem crescer o capital humano, mas que se traduzem diretamente na consolidação e no aumento do capital intelectual conquistado pela organização. E isso impacta o valor de mercado da organização. Um mundo novo está se abrindo para a GH.

4.1 CARÁTER MULTIVARIADO DA GH

GH é uma área interdisciplinar: envolve necessariamente conceitos de psicologia industrial e organizacional, sociologia organizacional, engenharia industrial, direito do trabalho, engenharia de segurança, medicina do trabalho, engenharia de sistemas, cibernética e até tecnologias emergentes. Os assuntos normalmente tratados em GH referem-se a uma enorme multiplicidade de diversos campos do conhecimento: fala-se em aplicação e interpretação de testes psicológicos e entrevistas, tecnologias de aprendizagem, mudança organizacional, nutrição e alimentação, medicina e enfermagem, serviço social, plano de carreiras, desenho do trabalho, estrutura e cultura organizacional, satisfação no trabalho, absenteísmo e salários e encargos sociais, mercado, lazer, incêndios e acidentes, disciplina e atitudes, interpretação de leis trabalhistas, eficiência e eficácia, estatísticas e registros, auditoria, tecnologias avançadas e um sem-número de assuntos diversificados. E ponha *coaching, mentoring*, conhecimento corporativo, aprendizagem organizacional, competências organizacionais, capital humano e capital intelectual no meio disso tudo.

Os assuntos tratados pela GH referem-se tanto a aspectos internos da organização (abordagem introversiva), como a aspectos externos ou ambientais (abordagem extroversiva). O Quadro 4.1 dá uma ideia das técnicas utilizadas no ambiente interno e no ambiente externo da organização.

Quadro 4.1 Técnicas de GH e sua vinculação com os ambientes interno e externo da organização

Técnicas utilizadas no ambiente externo	Técnicas utilizadas no ambiente interno
■ Pesquisa de mercado de trabalho ■ Recrutamento e seleção ■ Pesquisa de salários e benefícios ■ Relações com sindicatos ■ Relações com entidades externas ■ Atendimento à legislação trabalhista ■ *Benchmarking*	■ Análise e descrição de cargos ■ Avaliação de cargos ■ Treinamento ■ Gestão e *feedback* de desempenho ■ Plano de carreiras ■ Plano de benefícios sociais ■ Política salarial ■ Higiene e segurança ■ Aprendizagem organizacional ■ Conhecimento corporativo ■ Universidade corporativa ■ Competências organizacionais ■ Capital humano

Algumas técnicas de GH são aplicadas diretamente em pessoas que constituem os sujeitos de sua aplicação. E outras técnicas são aplicadas indiretamente às pessoas, seja por meio dos cargos que ocupam, seja mediante planos ou programas globais ou específicos.

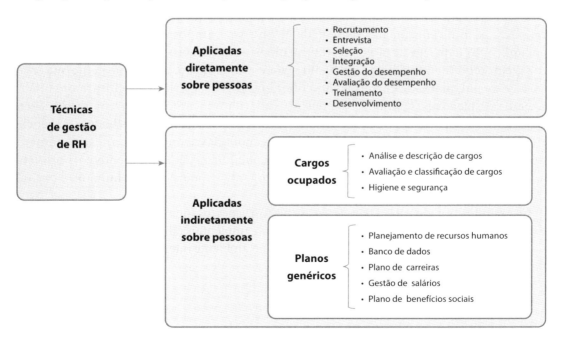

Figura 4.1 Técnicas de GH aplicadas direta ou indiretamente sobre pessoas.

Algumas técnicas de GH visam à obtenção e fornecimento de dados – estruturados ou não – enquanto outras são decisões tomadas diretamente sobre dados.

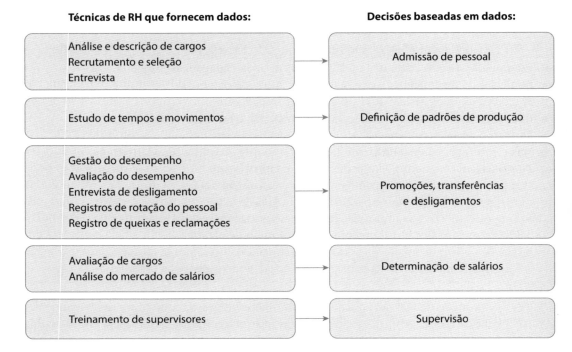

Figura 4.2 Técnicas de GH que fornecem dados e decisões baseadas em dados.

A GH tanto pode referir-se ao nível individual, como aos níveis de equipes, departamental, organizacional e mesmo ambiental da organização, conforme mostra a Figura 4.3.

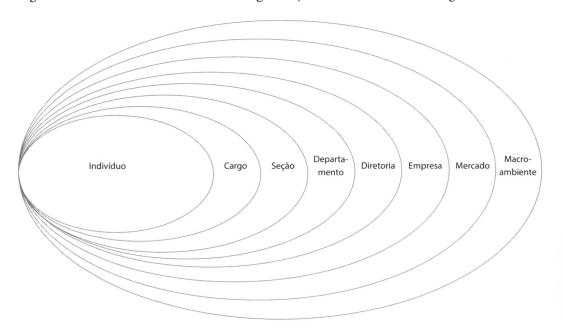

Figura 4.3 Os diversos níveis de referência de GH.

4.2 CARÁTER CONTINGENCIAL DA GH

Não há leis ou princípios universais para a Gestão Humana. A GH é contingencial, ou seja, depende da situação organizacional: do seu negócio e mercado, do ambiente, da tecnologia utilizada pela organização, das políticas e diretrizes vigentes, da filosofia administrativa preponderante, da concepção existente na organização acerca do ser humano e de sua natureza, além da qualidade e quantidade dos recursos humanos disponíveis. À medida que mudam esses elementos, muda também a forma de gerir os recursos humanos da organização. Daí o caráter contingencial ou situacional da GH, que não se compõe de técnicas rígidas e imutáveis, mas altamente flexíveis e adaptáveis, sujeitas a dinâmica mudança e contínuo desenvolvimento. Um esquema de GH bem-sucedido em uma organização pode não ser em outra organização, ou na mesma organização em época diferente, pois as coisas mudam, as necessidades sofrem alterações e a GH deve levar em consideração a mudança constante que ocorre nas organizações e em seus ambientes. E até nas pessoas. Por outro lado, GH não é um fim em si mesmo, mas um meio de alcançar a eficiência e eficácia das organizações por intermédio das pessoas, permitindo condições favoráveis para que tanto a organização como as pessoas consigam alcançar seus respectivos objetivos.

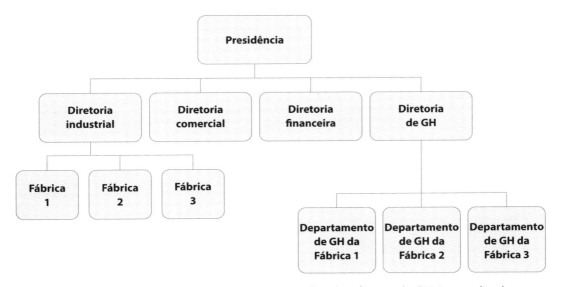

Figura 4.4 Estrutura organizacional convencional onde a função de GH é centralizada.

Em algumas organizações concentradas geograficamente, a área de GH pode ser centralizada, da forma indicada na Figura 4.4. Os departamentos de GH localizados em cada fábrica ou unidade, embora situados em locais diferentes, são subordinados diretamente à Diretoria de Gestão Humana, que tem a autoridade centralizada sobre aqueles departamentos. Estes são prestadores de serviços às respectivas fábricas ou unidades. Essa situação tem a vantagem de proporcionar unidade de funcionamento e uniformidade de critérios na aplicação das técnicas em locais diferentes. Contudo, apresenta a desvantagem de a vinculação e as comunicações serem feitas a distância: além da demora das comunicações, as decisões tomadas pelo órgão superior são tomadas a distância e, muitas vezes, sem um profundo conhecimento dos problemas locais.

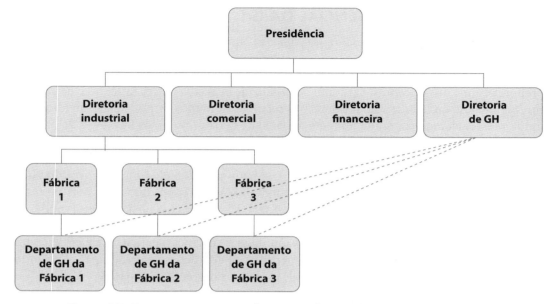

Figura 4.5 Estrutura organizacional em que a função de GH é descentralizada.

Em outras organizações dispersas geograficamente, a GH pode ser descentralizada, da forma indicada na Figura 4.5. Os departamentos de Gestão Humana localizados em cada fábrica ou unidade reportam-se diretamente ao responsável pela fábrica ou unidade, mas recebem assessoria e consultoria da Diretoria de Gestão Humana, que planeja, organiza, controla e assessora os órgãos de Gestão Humana, que, por sua vez, recebem ordens dos responsáveis pelas fábricas ou unidades. Essa configuração tem a vantagem de proporcionar rapidez e adequação à solução dos problemas locais, recebendo assessoria técnica e planos montados na matriz, ajustando-os às necessidades da fábrica ou unidade onde estão localizados. Contudo, apresenta a desvantagem da heterogeneidade e diferenciação de critérios, à medida que são ajustados às necessidades locais.

Em algumas organizações, o órgão de GH está situado em nível institucional: sua colocação na estrutura organizacional corresponde, no caso, ao nível hierárquico de diretoria e, portanto, decisório, como na Figura 4.6.

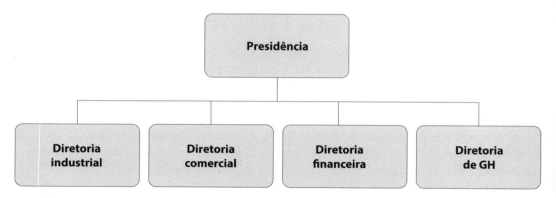

Figura 4.6 Estrutura organizacional simples com a função de GH em nível institucional.

Em outras organizações, o órgão de Gestão Humana situa-se em nível intermediário e, portanto, não decisório, reportando-se a um órgão decisório geralmente estranho às suas atividades. As decisões tomadas na cúpula nem sempre consideram os aspectos relacionados à Gestão Humana por falta de um profissional à altura. Os assuntos de pessoal são resolvidos por um elemento da diretoria que desconhece a complexidade do problema.

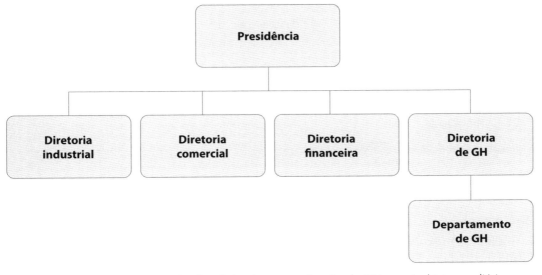

Figura 4.7 Estrutura organizacional simples com a função de GH em nível intermediário.

Em outras organizações ainda, a GH é um órgão de assessoria da Presidência, prestando-lhe consultoria e serviços de *staff*. No caso reproduzido na Figura 4.8, o Departamento de Gestão Humana (em nível intermediário) está vinculado à Presidência da organização: todas as políticas e procedimentos elaborados e desenvolvidos pelo órgão de GH necessitam do aval e da comunicação da Presidência para sua implementação na organização. Uma vez aprovados, passam a ser aplicados nas diversas áreas pelas respectivas diretorias.

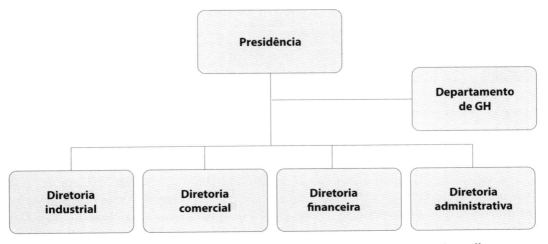

Figura 4.8 Estrutura organizacional com a função de GH em posição de *staff*.

SAIBA MAIS — **Sobre sistemas administrativos**

Realmente, a localização, o nível, a subordinação, o volume de autoridade e a responsabilidade do órgão de GH dependem não só da racionalidade que predomina na organização, mas também de diversos fatores envolvidos, vistos anteriormente.
As concepções a respeito da natureza das pessoas são também condicionantes importantes do papel que a GH tem em cada organização.
O que ressalta ainda mais o caráter multivariado e contingencial da GH é que tanto as organizações como as pessoas são diferentes e únicos. Da mesma forma como ocorrem diferenças individuais entre pessoas, ocorrem também diferenças entre organizações, o que faz com que a GH tenha de, necessariamente, defrontar-se com essas diferenças.

4.3 GH COMO RESPONSABILIDADE DE LINHA E FUNÇÃO DE *STAFF*

A responsabilidade básica da GH em nível institucional cabe ao executivo máximo da organização: o CEO ou presidente. De um ponto de vista mais amplo, cabe ao presidente a responsabilidade pela organização toda. É a ele que cabem as decisões sobre a dinâmica e os destinos da organização e dos recursos e competências disponíveis ou necessários. Em nível departamental ou divisional, a responsabilidade pela área de GH cabe a cada executivo de linha, como, por exemplo, o executivo ou gestor responsável pelo órgão. Assim, cada gestor é responsável pelos recursos humanos alocados em seu órgão – qualquer que ele seja, de linha ou de assessoria, de produção, vendas, finanças etc. Em suma, a responsabilidade pela GH é compartilhada por toda a organização. Tanto o presidente como cada diretor, gerente ou supervisor devem saber o essencial sobre como lidar com recursos humanos. Além de suas habilidades técnicas, todos eles devem ter habilidades comportamentais para lidar com pessoas.

Aumente seus conhecimentos sobre **Responsabilidade de linha e função de assessoria** na seção *Saiba mais* ARH 4.1

Dentro dessas condições, a GH é uma responsabilidade de linha – de cada gestor – e uma função de *staff* – assessoria que o órgão de GH presta a cada gestor. O órgão de GH posiciona-se aqui como um órgão de *staff*. O *staff* de GH assessora o desenvolvimento de diretrizes na solução de problemas específicos de pessoal, o suprimento de dados que possibilitarão decisões ao gestor de linha e a execução de serviços especializados devidamente solicitados. Nessas condições, o gestor de linha precisa considerar o especialista de GH como uma fonte de ajuda e não como um intruso que interfere em suas responsabilidades. Fricções entre linha e *staff* jamais desaparecerão, mas podem ser minimizadas quando os gestores de linha e os especialistas de *staff* pensarem em juntar suas responsabilidades e funções num esforço para atingir mutuamente o melhor arranjo organizacional. Assim, a assessoria de pessoal deve ser procurada ou oferecida, jamais imposta. O especialista de GH não transmite ordens aos membros de linha da organização ou aos colaboradores, exceto dentro de sua própria unidade. A responsabilidade pelo alcance de determinados resultados por intermédio dos membros de sua equipe de trabalho pertence ao gestor, não ao especialista de GH.

VOLTANDO AO CASO INTRODUTÓRIO
A transformação do GH na Constelação Libra

A primeira ação de Helena foi cuidar da casa: rever e discutir com seus subordinados a estrutura organizacional da área de GH. A velha departamentalização funcional da área inclui cinco departamentos: Recrutamento e Seleção, Treinamento e Desenvolvimento, Remuneração e Benefícios, Administração de Pessoal e Higiene e Segurança. Cada um dos departamentos tem um gerente e especialistas que nada sabiam a respeito dos demais departamentos. Helena quer abolir as fronteiras internas entre os departamentos separados e transformá-los em equipes multifuncionais conjuntas, conforme mostra a Figura 4.9.

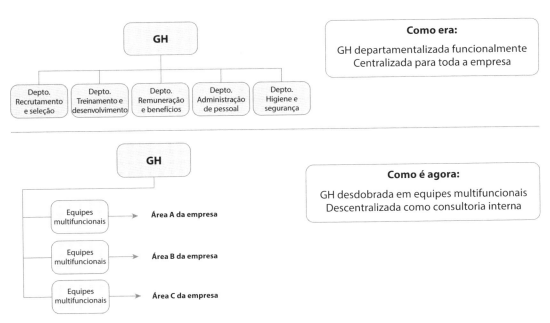

Figura 4.9 A nova organização da Constelação Libra.

Que ideias você daria a Helena?

4.4 GH COMO UM PROCESSO

A GH provoca impactos tanto nas pessoas como nas organizações. A maneira de lidar com as pessoas, de buscá-las no mercado, de integrá-las e orientá-las, fazê-las trabalhar, desenvolvê-las, recompensá-las ou monitorá-las – ou seja, a qualidade da maneira como as pessoas são geridas na organização – é um aspecto crucial na competitividade organizacional. Isso depende da GH.

Os processos básicos na gestão de pessoas são cinco: prover, aplicar, manter, desenvolver e monitorar as pessoas. O ciclo da gestão de pessoas fecha-se em cinco processos básicos: provisão, aplicação, manutenção, desenvolvimento e controle de pessoas.

Quadro 4.2 Os cinco processos básicos na GH

Processo	Objetivo	Atividades envolvidas
Provisão	Quem irá trabalhar na organização	Pesquisa de mercado de GH Recrutamento de pessoas Seleção de pessoas
Aplicação	O que as pessoas farão na organização	Integração de pessoas Modelagem do trabalho Descrição e análise de cargos Avaliação do desempenho
Manutenção	Como manter as pessoas trabalhando na organização	Avaliação de resultados Remuneração e compensação Benefícios e serviços sociais Clima organizacional Qualidade de vida no trabalho Higiene e segurança do trabalho
Desenvolvimento	Como preparar e desenvolver as pessoas e a organização	Treinamento Desenvolvimento organizacional
Monitoração	Como saber o que são e o que fazem as pessoas	Aprendizagem organizacional Conhecimento corporativo Criação e desenvolvimento de competências Banco de dados/sistemas de informação Controles – frequência – produtividade Balanço social

Prover, aplicar, manter, desenvolver e monitorar as pessoas. São cinco processos intimamente inter-relacionados e interdependentes. Sua interação faz com que qualquer alteração ocorrida em um deles provoque influências sobre os demais, as quais realimentarão novas influências nos outros e assim por diante, gerando acomodações e ajustamentos no sistema todo. É preciso tratar todos os processos como um sistema integrado, holístico, conectado e sinérgico.

Dentro uma visão sistêmica, os cinco processos podem ser abordados como subsistemas de um sistema maior, como mostra a Figura 4.10.

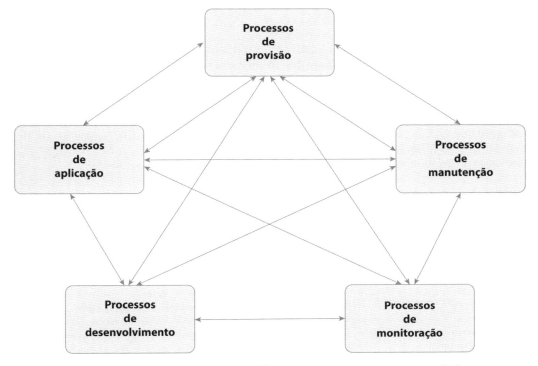

Figura 4.10 Os cinco subsistemas de GH e sua interação e reciprocidade.

Os cinco subsistemas formam um processo global e dinâmico por meio do qual as pessoas são captadas e atraídas, aplicadas em suas tarefas, mantidas na organização, desenvolvidas e monitorizadas pela organização. O processo global nem sempre apresenta a sequência da Figura 4.10, devido à íntima interação entre os subsistemas e pelo fato de esses cinco subsistemas não estarem relacionados entre si de uma única e específica maneira. Eles são contingentes ou situacionais, variam conforme a organização e dependem de fatores ambientais, organizacionais, humanos, tecnológicos etc. São extremamente variáveis e, embora interdependentes, o fato de um deles mudar ou desenvolver-se em certa direção não significa que os outros mudem ou se desenvolvam também na mesma direção e na mesma medida.

Quadro 4.3 Processo global de GH

Provisão	Aplicação	Manutenção	Desenvolvimento	Monitoração
Quem irá trabalhar na organização	O que as pessoas farão na organização	Como manter as pessoas trabalhando na organização	Como preparar e desenvolver as pessoas na organização	Como saber o que são e o que fazem as pessoas na organização
Pesquisa de mercado Recrutamento Seleção Integração	Integração Desenho de cargos Gestão do desempenho Avaliação do desempenho	Remuneração Benefícios Higiene Segurança Qualidade de vida	Treinamento e desenvolvimento Desenvolvimento organizacional	Banco de dados Sistema de informações Auditoria de GH

A Figura 4.11 mostra esse aspecto de GH: há um *continuum* de situações intermediárias, tendo no extremo à esquerda uma situação de subdesenvolvimento e de caráter rudimentar em cada um dos subsistemas, enquanto no outro extremo à direita, uma situação de excelência e sofisticação. As notas de 1 a 10 na escala servem para ajudar a localizar a situação em que se encontra a organização. Para tanto, a preocupação básica será a de se deslocarem as características de GH da esquerda para a direita, buscando chegar ao grau 10 da escala. Mover a situação de GH da esquerda para a direita é a principal tarefa dos executivos de GH. É para lá que deverão ser destinados os esforços para mudar, modernizar e transformar a área.

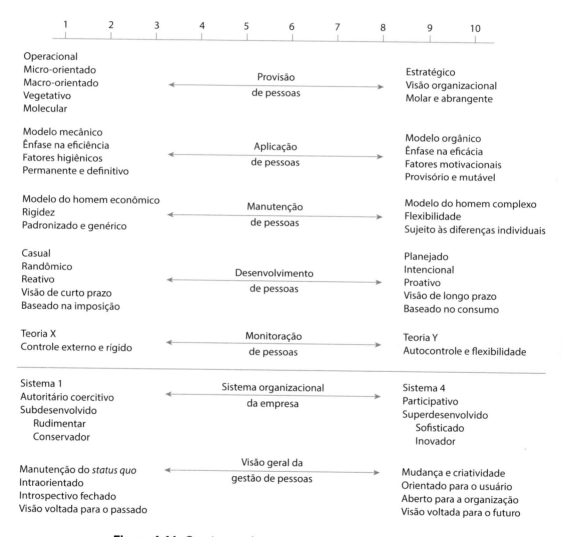

Figura 4.11 *Continuum* de situações nos subsistemas de GH.

4.5 POLÍTICAS DA GESTÃO HUMANA

Em função da racionalidade organizacional, da filosofia, estrutura e cultura organizacional e dos objetivos organizacionais, surgem as políticas. Políticas são regras estabelecidas para governar funções e assegurar que elas sejam desempenhadas de acordo com os objetivos desejados. Constituem uma orientação administrativa para impedir que as pessoas desempenhem ações indesejáveis ou ponham em risco o sucesso de suas funções específicas. Assim, políticas são guias para a ação. Servem para prover respostas às questões ou aos problemas que podem ocorrer na prática, evitando que as pessoas procurem desnecessariamente seus gestores para a solução de cada caso particular.

As políticas de GH referem-se às maneiras pelas quais a organização pretende lidar com seus membros e por intermédio deles atingir seus objetivos organizacionais, permitindo também condições para o alcance de objetivos individuais. Elas variam enormemente de acordo com cada organização. Cada organização desenvolve a política de GH mais adequada à sua filosofia e suas necessidades. A rigor, uma política de GH deve abranger o que a organização pretende acerca dos seguintes aspectos principais:

1. **Políticas de suprimento da Gestão Humana:**
   a. Onde recrutar (fontes de recrutamento dentro ou fora da organização), em que condições e como recrutar (técnicas de recrutamento escolhidas pela organização) os recursos humanos necessários à organização.
   b. Critérios de seleção e padrões de qualidade para admissão, quanto às aptidões físicas e intelectuais, experiência e potencial de desenvolvimento, tendo-se em vista os de cargos da organização.
   c. Como integrar os novos participantes ao ambiente interno da organização, com rapidez e eficácia.

2. **Políticas de aplicação da Gestão Humana:**
   a. Como determinar os requisitos básicos da força de trabalho (requisitos intelectuais, físicos etc.), para o desempenho dos cargos da organização.
   b. Critérios de planejamento, alocação e movimentação interna de recursos humanos, considerando-se o plano de carreiras para definir as alternativas de oportunidades futuras possíveis dentro da organização.
   c. Critérios de avaliação da qualidade e da adequação dos recursos humanos por meio da avaliação do desempenho.

3. **Políticas de manutenção da Gestão Humana:**
   a. Critérios de remuneração direta dos participantes, tendo-se em vista a avaliação do cargo e os salários no mercado de trabalho.
   b. Critérios de remuneração indireta dos participantes, tendo-se em vista os programas de benefícios sociais adequados à diversidade de necessidades existentes no universo de cargos da organização, e considerando a posição da organização diante das práticas do mercado de trabalho.

c. Critérios para manter uma força de trabalho motivada, de moral elevado, participativa e produtiva dentro de um clima organizacional adequado.
d. Critérios relativos às condições físicas ambientais de higiene e segurança que envolvem o desempenho dos cargos da organização.
e. Relacionamento de bom nível com sindicatos e representações do pessoal.

4. **Políticas de desenvolvimento da Gestão Humana:**
   a. Critérios de diagnóstico e programação de preparação e reciclagem constantes da força de trabalho para o desempenho de seus cargos.
   b. Critérios de desenvolvimento de GH a médio e longo prazos, visando à contínua realização do potencial humano em posições gradativamente elevadas na organização.
   c. Criação e desenvolvimento de condições capazes de garantir a saúde e excelência organizacional, por meio da mudança do comportamento dos participantes.

5. **Políticas de monitoração da Gestão Humana:**
   a. Como manter um banco de dados para análise quantitativa e qualitativa da força de trabalho disponível na organização.
   b. Critérios para auditoria permanente da aplicação e adequação das políticas e procedimentos relacionados com os recursos humanos da organização.

SAIBA MAIS — **Sobre políticas e procedimentos**

As políticas situam o código de valores éticos da organização que, por meio delas, governa suas relações com os empregados, acionistas, consumidores, fornecedores etc. A partir das políticas, podem-se definir os procedimentos a serem implantados, que são cursos de ação predeterminados para orientar o desempenho das operações e atividades, tendo-se em vista os objetivos da organização. Os procedimentos constituem uma espécie de plano permanente que serve para orientar as pessoas na execução de suas tarefas dentro da organização. No fundo, servem para guiar as pessoas na realização desses objetivos. Visam dar consistência à execução das atividades, garantindo um tratamento equitativo para todos os participantes e um tratamento uniforme para todas as situações.

Capítulo 4 – A Gestão Humana

A Figura 4.12 permite uma visão de conjunto de todas essas políticas.

Figura 4.12 Políticas de GH.

4.6 OBJETIVOS DA GH

Os objetivos fundamentais da GH devem estar fora dela. Ela deve servir aos objetivos do negócio da organização. A GH consiste em planejamento, organização, desenvolvimento, coordenação e controle de técnicas capazes de promover o desempenho eficiente do pessoal, ao mesmo tempo que a organização constitui o meio que permite, às pessoas que com ela colaboram, alcançar os objetivos individuais relacionados direta ou indiretamente com o trabalho. A GH busca conquistar, engajar e manter pessoas na organização, trabalhando e dando o máximo de si, com uma atitude positiva e favorável. Representa todas aquelas coisas não só grandiosas que provocam euforia e entusiasmo, como também aquelas pequenas e numerosas coisas que frustram e impacientam ou que alegram e satisfazem, mas que levam as pessoas a desejar permanecer na organização. Há mais coisas em jogo quando se fala em GH. Também está em jogo a qualidade de vida que a organização e seus *stakeholders* terão e a espécie de *stakeholders* que a organização pretende cultivar.

Os objetivos de GH derivam dos objetivos da organização inteira, do seu negócio, de sua missão e de sua visão de futuro, levando em conta os valores corporativos. Toda organização tem como um de seus principais objetivos a criação e distribuição de algum produto (como um bem de produção ou de consumo) – ou de algum serviço (como uma atividade especializada). Assim, ao lado dos objetivos organizacionais, a GH deve também considerar os objetivos pessoais dos seus *stakeholders*. E principalmente de seus colaboradores.

Os principais objetivos da GH são:

1. Criar, manter e desenvolver uma força de trabalho com habilidades e competências, motivação e satisfação para inovar e realizar os objetivos da organização.
2. Criar, manter e desenvolver condições organizacionais de aplicação, desenvolvimento e satisfação plena das pessoas para o alcance dos objetivos organizacionais e individuais.
3. Alcançar eficiência e eficácia por meio das pessoas para agregar valor ao negócio da organização e entregar retornos aos *stakeholders*.
4. Construir um capital humano dotado de habilidades e competências sempre atualizadas e adequadas à estratégia e ao sucesso da organização.
5. Construir, a partir do capital humano, as competências essenciais para incrementar as vantagens competitivas e assegurar competitividade e sustentabilidade à organização.

VOLTANDO AO CASO INTRODUTÓRIO
A transformação da GH na Constelação Libra

A segunda ação de Helena Gonzalez é transformar os gerentes departamentais em gestores de pessoas. Além dos aspectos técnicos do trabalho, os gerentes assumirão também os aspectos humanos. Promover a descentralização da GH para toda a organização. Esse processo de descentralização visa dar maior autonomia aos gerentes na condução de suas equipes. Como Helena deveria transformar gradativamente a GH em uma função de *staff*?

4.7 DIFICULDADES BÁSICAS DA GH

O que distingue a GH das outras áreas da organização é o seu singular ambiente de operações. Gerir recursos humanos é diferente de gerir qualquer outro recurso organizacional, porque envolve certas dificuldades básicas:

1. **A GH lida com meios:** com recursos intermediários e não com fins. É uma função de assessoria, cuja atividade fundamental consiste em planejar, prestar serviços especializados, assessorar, recomendar e controlar.

2. **A GH lida com recursos vivos e inteligentes:** extremamente complexos, diversificados e variáveis, que são as pessoas. Esses recursos são importados do ambiente para dentro da organização, crescem, desenvolvem-se, mudam de atividade, de posição e de valor.

3. **Os recursos humanos não estão somente dentro da área de GH:** mas também alocados nos diversos órgãos da organização e sob a autoridade de diversos gestores. Cada gestor é responsável direto por suas equipes de pessoas. A GH é uma responsabilidade de linha e função de *staff*.

4. **A GH preocupa-se fundamentalmente com a eficiência e eficácia**: porém, o fato mais concreto é que ela não pode controlar os eventos ou condições que as produzem. Isso porque os principais eventos ou condições de suas operações são as atividades das demais áreas da organização e o comportamento heterogêneo dos participantes e gestores.

5. **A GH trabalha em ambientes e em condições que não determinou**: e sobre os quais possui um grau de poder e controle muito pequeno. Daí estar geralmente destinada a acomodação, adaptação e transigência. Somente com uma clara noção da finalidade principal da organização, com muito esforço e perspicácia o executivo de GH pode conseguir – se é que consegue – razoável poder e controle sobre os destinos da organização.

6. **Os padrões de desempenho e de qualidade dos recursos humanos são complexos e diferenciados**: variando de acordo com o nível hierárquico, com a área de atividade, com a tecnologia aplicada e com o tipo de tarefa ou atribuição. O controle de qualidade é feito desde o processo inicial de seleção do pessoal e estende-se ao longo do desempenho cotidiano.

7. **A GH não lida diretamente com fontes de receita**: aliás, ocorre certo preconceito de que ter pessoal forçosamente implica ter despesa. Muitas empresas ainda convencionam restritivamente seus membros em termos reducionistas, como pessoal produtivo e pessoal improdutivo ou pessoal direto e pessoal indireto. A maioria das empresas ainda aloca seus membros em termos de centros de custos, e não em termos de centros de lucros, como realmente devem ser considerados.

8. **Um dos aspectos mais críticos da GH está na dificuldade de se saber se ela está fazendo ou não um bom trabalho**: ela enfrenta desafios e riscos não controlados ou não controláveis, não padronizados e imprevisíveis. É um terreno pouco firme e de visão nebulosa em que se podem cometer erros desastrosos ainda que na certeza de estar jogando corretamente.

Além disso, a GH nem sempre recebe o apoio significativo da alta direção, o qual é transferido para outras áreas que adquirem enganosamente maior prioridade e importância no curto prazo. Isso nem sempre pode ser bom para a organização como um todo: o que é bom para um segmento da organização não é necessariamente bom para toda a organização. Pessoas são o capital humano da organização. E esta depende das competências das pessoas.

4.8 PAPEL DA GH

Em um mundo de negócios caracterizado pela explosão da inovação tecnológica, globalização dos mercados, forte competição entre organizações, gradativa e intensa desregulamentação dos negócios e mudanças demográficas, políticas e culturais – que provocam mudanças rápidas, turbulência, complexidade e incerteza –, as organizações precisam ser rápidas, ágeis, eficazes em ações e, sobretudo, expeditas, como mostra a Figura 4.13. Para tanto, as organizações devem possuir recursos, conhecimentos, habilidades e competências e – acima de tudo – pessoas que incorporem todas essas características.

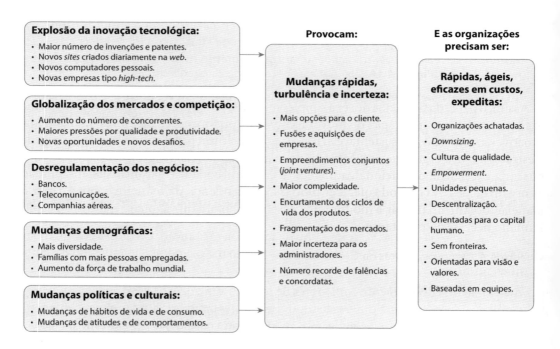

Figura 4.13 Mudanças que impõem desafios às organizações.[1]

Tudo isso requer novas práticas administrativas e a contínua redefinição e realinhamento das práticas de GH para aumentar a aprendizagem organizacional e o conhecimento corporativo e criar competências para consolidar vantagens competitivas e solidificar a competitividade e sustentabilidade da organização.

Capítulo 4 – A Gestão Humana

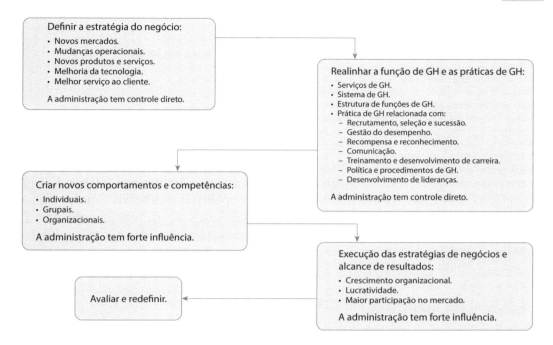

Figura 4.14 Componentes básicos da estratégia de GH.[2]

Assim, o papel da GH deixa de ser a simples manutenção do *status quo* para se transformar gradativamente na área capaz de inovar e construir organizações melhores, mais rápidas, proativas, competitivas e sustentáveis. E isso requer dela um papel eminentemente inovador e estratégico nas organizações. Mais ainda, a área precisa criar, agregar e capturar valor, buscar a excelência operacional, aumentar a competitividade e garantir sustentabilidade às organizações. A GH pode oferecer tudo isso, dependendo da maneira como é capaz de planejar, organizar, liderar e monitorar o desempenho organizacional e garantir o capital humano necessário para tanto.

Quadro 4.4 Os novos aportes da GH às pessoas e à organização

Meios	Fins
Imaginação e criatividade Para que as pessoas pensem criticamente de modo a imaginar e inventar novas maneiras de trabalhar por meio de lideranças dinâmicas	Criação e agregação de valor Para que a organização produza cada vez mais e mais barato, oferecendo melhores preços, criando riqueza e aumentando seu valor de mercado
Espírito empreendedor Para que as pessoas ousem e tenham iniciativa própria para introduzir novas maneiras de trabalhar através do *empowerment*	Inovação Para que a organização se torne cada vez mais criativa e inovadora em seus produtos e serviços, ficando sempre à frente das concorrentes

(continua)

(continuação)

Meios	Fins
Conhecimento corporativo Para que as pessoas aprendam continuamente com seu trabalho e conheçam aquilo que a organização deve aprender por meio do *coaching*	Excelência Para que a organização seja excelente em todas as suas áreas de atividade, em seus produtos e serviços, com excelente imagem no mercado
Competências Para que as pessoas adquiram conhecimento e competências que signifiquem vantagens competitivas para a organização por meio do *mentoring*	Competitividade Para que a organização esteja sempre à frente de seus concorrentes, em produtividade e qualidade servindo como modelo de gestão para todos
Responsabilidade Para que as pessoas assumam responsabilidades dos pontos de vista financeiro, social e ecológico	Sustentabilidade Para que a organização seja perene e sustentável dos pontos de vista financeiro, social e ecológico

4.8.1 Análises avançadas em GH

As análises de dados e informações são tão velhas como a bússola, criada por chineses, que, durante séculos, direcionou os cursos da navegação mundial. Da mesma forma, a chamada *people analytics* constitui hoje a bússola que indica o norte para a construção de estratégias bem-sucedidas de GH.[3] Trata-se de uma espécie de *software* que coleta, mensura, analisa e apresenta *insights* sobre dados originados de várias fontes virtuais a respeito de comportamentos e atitudes de colaboradores, como *e-mails*, contatos, relacionamentos, decisões etc. Tais *insights* indicam não somente padrões, como também previsões e predições futuras a respeito de recrutamento e seleção, treinamento, desempenho, produtividade, formação de equipes, que ajudam a configurar e reconfigurar tais processos no sentido de não apenas melhorá-los, mas principalmente adequá-los às necessidades e expectativas dos colaboradores e da organização.

Contudo, *people analytics* parte necessariamente da estruturação adequada de uma infinidade de dados a serem escolhidos e analisados e do mapeamento das informações pretendidas de acordo com os objetivos a serem alcançados. Para tanto, é mister segmentar os dados a serem colhidos e analisados, bem como envolver os colaboradores.

4.8.2 Proposta de valor da GH

Para ser bem-sucedida e valer a pena, a GH deve oferecer uma proposta de valor, seja à organização, seja aos gestores e aos colaboradores. Isso, sem se esquecer as demais partes interessadas (*stakeholders*), como clientes e consumidores, bem como os agentes intermediários (atacadistas e varejistas). Em outras palavras, quais as ações da GH que oferecem retornos e benefícios a todos esses públicos estratégicos do negócio da organização. O Quadro 4.5 é uma contribuição importante dos consultores da McKinsey.

Quadro 4.5 Sugestão de proposta de valor da McKinsey.[4]

Visão	Objetivos	Ações
Proposta de valor da GH	Elementos da proposta de valor	Critérios para GH
A GH é bem-sucedida quando cria valor	Conhecendo as realidades externas	1. Reconhece as realidades externas do negócio, adapta suas práticas e aloca recursos adequadamente
	Servindo aos *stakeholders* externos e internos	2. Cria valor de mercado para os investidores ao incrementar intangíveis 3. Aumenta a participação do consumidor ao conectá-lo com consumidores-alvo 4. Ajuda os gestores de linha a entregar estratégia ao construir competências organizacionais 5. Esclarece e estabelece uma proposta de valor ao colaborador e assegura que ele tenha habilidades para a tarefa
	Criando boas práticas de GH	6. Gerencia processos de GH de maneira a adicionar valor 7. Gerencia processos e práticas de gestão do desempenho de maneira a adicionar valor 8. Gerencia processos e práticas de informação de maneira a adicionar valor 9. Gerencia processos e práticas de fluxo de trabalho de maneira a adicionar valor
	Construindo recursos de GH	10. Tem um claro processo de planejamento estratégico ao alinhar investimentos de GH com objetivos do negócio 11. Alinha a sua organização com a estratégia do negócio
	Assegurando profissionalismo da GH	12. Tem um *staff* que atua em papéis claros e apropriados 13. Constrói habilidades de *staff* que demonstram competências de GH 14. Investe em profissionais de GH a partir de experiências de treinamento e desenvolvimento

Enfim, devemos ter sempre em mente que estamos tratando de seres humanos em organizações humanas. E que cada pessoa é um universo – como qualquer um de nós – repleto de ideias, sonhos, intenções, metas e objetivos que precisamos ajudar a tornar realidades concretas e estáveis.[5] Essa é a nossa principal responsabilidade como seres humanos.

RESUMO

Para poderem operar, as organizações, aglutinam recursos materiais, financeiros, humanos, mercadológicos e administrativos, cada qual administrado por uma especialidade da administração. Contudo, a Gestão Humana depende de alguns fatores complexos. Entre eles, ressalta o estilo de administração que a organização pretende adotar: ou o estilo baseado na Teoria X ou o estilo baseado na Teoria Y. Outra maneira de se analisarem os estilos administrativos reside na avaliação dos sistemas de administração: um *continuum* que vai desde o sistema 1 (autoritário e rígido) até o sistema 4 (participativo e grupal). Daí resulta o caráter multivariado da GH, e principalmente o seu aspecto contingencial. Além do mais, a GH é uma responsabilidade de linha (de cada chefia) e uma função de *staff*. Na realidade, a GH pode ser visualizada como um sistema, cujo processo envolve cinco subsistemas interdependentes: o de provisão, o de aplicação, o de manutenção, o de desenvolvimento e, finalmente, o de monitoração de recursos humanos. As políticas de Gestão Humana estão geralmente assentadas em como cuidar de cada um desses cinco subsistemas. Porém, em função de seus objetivos e da sua permeabilidade dentro das diversas áreas da organização, as dificuldades com que a GH se defronta são enormes.

TÓPICOS PRINCIPAIS

GH	Centralização	Competências essenciais
Descentralização	Estilos de administração	Função de *staff*
Responsabilidade de linha	Sistemas de administração	Teoria X
Teoría Y		

QUESTÕES PARA DISCUSSÃO

1. Explique os diferentes recursos organizacionais e sua administração.
2. Compare a Teoria X e a Teoria Y.
3. Explique os quatro sistemas administrativos e sua repercussão para a GH.
4. Por que se fala em caráter multivariado da GH? Explique
5. Por que se fala em caráter contingencial da GH? Explique.
6. Explique por que a GH é uma responsabilidade de linha e uma função de *staff*.
7. Conceitue a GH como um processo composto de vários subsistemas.
8. Explique cada um dos subsistemas da GH e o seu conteúdo.
9. Explique as políticas de Gestão Humana.
10. Quais os principais objetivos da GH?
11. Quais as dificuldades inerentes à GH?

REFERÊNCIAS

1. Adaptada de: DESSLER, G. *Human resource management*. Upper Saddle River: Prentice Hall, 2000. p. 4.
2. Adaptada de: DESSLER, G. *Human resource management*, *op. cit.*, p. 22.
3. WABER, B. *People analytics*: how social sensing technology will transform business and what it tells us about the future of work. Upper Saddle River: FT Press, 2013.
4. *Vide*: www.mckinsey.com.
5. CHOPRA, D.; KAFATOS, M. C. *You are the universe*: discovering your cosmic self and why it matters. New York: Penguin Random House, 2017. *Vide* também: CHOPRA, D.; TANZI, R. E. *Super brain*: unleashing the explosive power of your mind to maximize health, hapiness, and spiritual well-being. New York: Penguin Random House, 2012.

ÍNDICE ALFABÉTICO

Abordagem
    de Katz e Kahn, 11
    de Maslow, 57
    de Tavistock, 13
    sociotécnica, 15

Adaptabilidade, 35

Alicientes – conceitos, 90

Ambiente
    de tarefa, 27
    de tarefa – heterogêneo, 30
    de tarefa – homogêneo, 30
    de tarefa – tipologia, 31
    geral, 26
    heterogêneo e estável, 31
    heterogêneo e instável, 31
    homogêneo e estável, 31
    homogêneo e instável, 31

Arquitetura – mudanças, 15

Autoridade, 77

Barreiras
    à comunicação, 70
    físicas, 70
    pessoais, 70
    semânticas, 70

Capital
    externo, 37
    humano, 36, 37, 77
    intelectual, 36, 37
    interno, 37

Caráter contingencial da GH, 101

Ciclo motivacional, 53, 54

Clima organizacional, 63, 64, 92

Cognição humana, 49

Competências, 77

Competitividade, 36

Complexidade ambiental, 29

Comportamento humano nas organizações, 72

Comunicação
    barreiras, 70
    conceito, 66
    sistema, 67

Contrato psicológico, 87

Contribuições – conceitos, 90

Cultura corporativa – mudanças, 16

Cultura organizacional, 90

Desenvolvimento, 35

Diferenciação, 12

Dificuldades básicas da GH, 113

Dinâmica ambiental, 29

Dissonância cognitiva, 50

Distorção, 71

Economia digital, 6

Eficácia, 22

    administrativa, 33

    organizacional – medidas, 35

    organizacional – métricas, 35

    segundo Barnard, 85

Eficiência

    conceito, 22

    segundo Barnard, 85

Entropia negativa, 11

Equifinalidade, 12

Equilíbrio quase estacionário, 12

Era da Informação, 5

Era Digital, 6

Estabilidade × instabilidade, 30

Estrutura organizacional, 101

Fatores

    de Herzberg, 59

    de produção, 47

    higiênicos, 57

    motivacionais, 58

    satisfacientes, 60

Fronteiras

    geográficas, 16

    horizontais, 15

    organizacionais, 16

    verticais, 15

Gestão humana (GH), 97

GH, 97

    análises avançadas, 116

    caráter contingencial, 101

    como função de *staff*, 104

    como processo, 106

    como responsabilidade de linha, 104

    componentes básicos da estratégia, 115

    dificuldades básicas, 113

    níveis de referência, 100

    objetivos, 112

    papel, 114

    políticas, 109

    processo global, 107

    processos básicos, 106

    proposta de valor, 116

    subsistemas, 107

    técnicas, 100

Hierarquia das necessidades humanas, 55

Homem complexo, 73

Homeostase dinâmica, 12

Homogeneidade × heterogeneidade, 30

Incentivos – conceitos, 89

Indivíduo – participação, 89

Industrialização Clássica – Era, 4

Industrialização Neoclássica – Era, 4

Informação

    como insumo, 11

    conceito, 77

    Era, 5

Intercâmbio, 87

Macroambiente, 26

Medidas de eficácia organizacional, 35

Microambiente, 27

Missão organizacional, 19

Modelo contingencial de motivação, 60

Motivação
  humana, 52
  modelo básico, 53

Mundo digital, 76

Necessidades
  de autorrealização, 56
  de estima, 56
  de segurança, 56
  fisiológicas, 55
  sociais, 56
  humanas, 55

Negentropia, 13

Níveis
  estratégicos, 24
  institucionais, 24
  intermediários, 24
  operacionais, 25
  organizacionais, 24
  táticos, 24

Objetivos
  individuais, 85
  organizacionais, 20, 85

Omissão, 71

Organizações
  características, 3
  como sistemas sociais, 7

complexidade, 3

conceito, 2

de hoje, 15

diferentes Eras, 4

e o ambiente, 26

e as pessoas, 83

etapas no século 20, 5

exemplos, 4

expectativas, 16

flexibilidade, 18

formação, 7

mecanísticas, 32

permeabilidade, 18

públicos estratégicos, 17

racionalidade, 21

como sistemas abertos, 7

orgânicas, 32

competências essenciais, 8

Padrões pessoais de referência, 69

Papel da GH, 114

Participação da organização, 89

Participação multigrupal, 48

Percepção, 68

Pessoas, 45
  como seres transacionais, 51
  como pessoas, 46
  como recursos, 46
  e organizações, 83
  ênfase nas diferenças individuais, 47

Processo global de GH, 107

Produção – fatores na atualidade, 47

Racionalidade – das organizações, 21

Reciprocidade – entre indivíduo e organização, 86

Recompensas, 77

Relação
consonante, 50
de intercâmbio, 87
dissonante, 50
irrelevante, 50

Retroinformação negativa, 11

Satisfação, 35

Ser humano – complexa natureza, 51

Sistema
de comunicação, 67
individual, 76
tecnológico, 13

Sistemas
abertos, 7
administrativos, 14
como ciclos de eventos, 11
de tarefas, 14

gerenciais, 14

humanos, 14

sociais, 7

sociotécnicos, 13

técnicos, 14

Sobrecarga, 71

Stakeholders, 16, 19

Sucesso organizacional, 34

Sustentabilidade, 36

Técnicas de GH, 99

Teoria
da dissonância cognitiva, 50
da expectação de Lawler III, 63
da expectação, 62
de campo, 49
de Herzberg, 57
dos dois fatores, 57

Tipologia de ambientes de tarefa, 31

Variabilidade humana, 47

Visão organizacional, 20